U0657194

本书由广西民族大学民族学博士点建设经费资助出版

乡土寻梦

中国现代乡土思想与实践

李富强 著

人民出版社

内 容 提 要

　　自近代以来,中国古老的农业文明面对汹涌而来的西方工业文明而危机重重,忧国忧民的仁人志士无不从"乡村"、"乡土"中认识中国,思考着中国的出路,不论是理论家,还是实践者,是改良者,还是革命家,都从"乡村"、"乡土"出发探索古老中国的重生、复兴之路。

　　光阴荏苒,岁月如歌。一百多年过去了,中国在追求工业化、现代化的道路上,历尽坎坷,百折不挠。虽然工业化、都市化程度有了一定提高,但中国依然是农业人口占绝对比例的农民国家;尽管农村收入有相当程度的提高,但城乡差距越拉越大;虽然农村中一部分农户富裕了起来,但贫困户亦比比皆是;虽然一些地区的村社经济有所发展,但一些地方村社经济衰退,农业凋落,大批农民背井离乡,源源不断涌入城市,农村生活冷落,文化萧条;一些地方农民与基层政府关系紧张,一些地方甚至黑恶势力泛滥成灾。于是,"农民真苦,农村真穷,农业真危险"的呼声响起,"乡土"重又成为人们关注的焦点。先贤志士的乡土思想与实践探索已在中国近代史中显示了巨大的力量,现如今,在新的历史条件下,社会主义新农村建设正如火如荼地开展,"乡土"的探索依然继续。本书试图通过梳理总结中国百年来的"乡土"思想及其实践,为社会主义新农村建设提供借鉴。

目　录

绪论　乡土:中华民族复兴寻梦之所

我们中国是一个农国,大多数的劳工阶级就是那些农民。他们若是不解放,就是我们国民全体不解放;他们的苦痛,就是我们国民全体的苦痛;他们的愚暗,就是我们国民全体的愚暗;他们生活的利病,就是我们政治全体的利病。

——李大钊①

中国社会一村落社会也。求所谓中国者,不于是三十万村落其焉求之。

——梁漱溟②

乡村只是整个中国社会的一部分,我从这部分的认识中得来的看法自不免亦有所偏。……我决不敢说乡村之外的中国是不重要的,更不敢相信乡村可以和其他部分隔绝了去解决它的问题。我只能说在乡村里可以看到中国大部分人民的生活,一切问题都牵连到这些在乡村里住的人民。我也相信目前生活最苦的是住在乡村里的人民,所以对他们生活的认识应当是讨论中国改革和重建的重要前提。

——费孝通③

---

① 李大钊:《青年与农村》,见陈翰笙、薛暮桥、冯和法编《解放前的中国农村》第一辑,北京:中国展望出版社,1985年,第93页。

② 梁漱溟:《河南村治学院旨趣书》,见许纪霖编选:《内圣外王之境——梁漱溟集》,上海:上海文艺出版社,1998年,第149页。

③ 费孝通:《乡土重建》,见《民国丛书》第三编(14),上海:上海书店,1948年,第152页。

　　有一个梦想，属于所有中国人，这就是建设一个现代化的中国，实现中华民族的伟大复兴。这是一个百年梦想，寄托了几代中国人的共同愿望。而这个梦想从乡土出发，一直萦绕在乡土之上。

　　自近代以来，当中国古老的农业文明面对汹涌而来的西方工业文明而危机重重，忧国忧民的仁人志士无不从"乡村"、"乡土"中认识中国，思考着中国的出路，不论是理论家，还是实践者，是改良者，还是革命家，都从"乡村"、"乡土"出发探索古老中国的重生、复兴之路。

　　"乡土"是在中国农业社会与西方工业社会的比较中凸显的。美国学者费正清（John King Fairbank）指出："自古以来就有两个中国：一是农村中为数极多从事农业的农民社会，那里每个树林掩映的村落和农庄，始终占据原有土地，没有什么变化；另一个是城市和市镇的比较流动的上层，那里住着地主、文人、商人和官吏——有产者和有权有势者的家庭。"[①]作为一个历史悠久的文明古国，曾几何时，中国城市和市镇的繁华让"野蛮的"西方人惊慕不已。打开13世纪末年问世的《马可·波罗游记》可以发现，足迹遍及中国西北、华北、西南、华东的马可·波罗，在书中以大量的篇幅、热情洋溢的语言记述了中国无穷无尽的财富、巨大的商业城市、极好的交通设施，以及华丽的宫殿建筑。有学者认为："大体说来，西方世界形成比较明确的中国形象，约从13世纪中后期《柏朗嘉宾蒙古行纪》和《马可·波罗游记》等的出版和流行开始。以后很长一段时间里，中国在西方人眼中都是一个神秘而富庶的东方国度。而17世纪末和18世纪，沉醉在'中国文化热'氛围下的欧洲人，更是视中国为政治开明、教化理性、文明高超的效法榜样。"[②]美国学者M. G. 马森（Mary Gertrude Mason）在《西方的中国及中国人观念 1840—1876》一书中指出，16世纪后期，当传教士和其他旅行者离开故土前往东方的时候，他们的

---

① ［美］费正清：《美国与中国》，张理京译.北京：世界知识出版社，2001年，第20页。
② 黄兴涛、杨念群：《"西方的中国形象"译丛总序》，见［美］E. A. Ross：《变化中的中国人》，公茂虹、张皓译，北京：中华书局，2006年，第3页。

身后是一个被宗教和政治纷争弄得四分五裂的欧洲。与西方的这些情况相反,中国的安宁和繁荣给欧洲人留下了深刻的印象。从 16 世纪直至 18 世纪后叶,强大的中国与西方形成了鲜明的对比。这就难怪耶稣会传教士高度赞扬了中国文明的许多特征。① 英国学者约·罗伯茨(J. A. G. Roberts)在《十九世纪西方人眼中的中国》也说:"十八世纪时,欧洲对中国的崇拜达到了异乎寻常的高度,那些以耶稣会士的报告作为自己观点基础的启蒙思想家们在这方面堪称独步。伏尔泰曾把中国的政治制度誉为'人类精神所能够设想出的最良好的政府'。他们对据说在中国存在的宗教宽容推崇备至,他们还特别赞美中国的手工制品,尤其是陶瓷。所有这些在十八世纪中叶法国兴起的'中国时尚'中得到了充分的表现。"②然而,也就在 18 世纪后期,中国开始进入停滞和倒退,而西方通过工业革命,走上了工业化、城市化的道路,特别是在物质文明方面取得了巨大成就。19 世纪末 20 世纪初,随着中国国门被西方列强的坚船利炮打开,中国悠久的农业文明面临着严重的危机,相形于以工业化、都市化为特征的西方文明的生机勃勃、蒸蒸日上,中国落后的农业,分散、贫穷、凋敝的乡村较之以往更引人注目。于是,中华帝国的富庶、繁华的城市淡出了西方人的视野,乡村主宰了中国的形象,西方—中国乃"都市—乡村"的印象模式便于潜移默化间在西方建构了起来。美国传教士明恩浦(A. H. Smith)是反映西方中国观转变的一个标志性人物。1899 年,他出版了《中国乡村生活》一书,以自己在中国农村的亲身经历和对中国农村敏锐的观察,对中国农村进行了精彩、生动的描述,虽算不上严格意义的学术研究,但却是西方中国观转变的一部标志性著作。中国既已成为了"乡村",那么把握了乡村自然就把握了中华文明。所以,明恩浦在该书中说:

---

① [美]M. G. 马森:《西方的中国及中国人观念 1840—1876》,杨德山译,北京:中华书局,2006 年,第 309—312 页。

② [英]约·罗伯茨:《十九世纪西方人眼中的中国》,蒋重跃、刘林海译,北京:中华书局,2006 年,第 1 页。

中国乡村是这个帝国的缩影,通过对它的考察,我们将会更好地提出纠错改正的建议。我们不能过于重申中国在统一性上的多样性,因为这种断言总是暗含着这样一种局限:尽管多数情况并非如此,但在某处确乎真实;另一方面,多样性的统一性是中国一种真正典型的事实,尽管这种情况是有限的,但并非不值得我们重视。①

他在另一部以中国乡村生活为素材写成的著作《中国人德行》中,更明确地指出:

就像在农村比在城市更易于了解一个区域的地形图一样,在家庭中更易于了解人的德行。一个外国人在中国城市住上十年,所获得的关于人民内部生活的知识,或许还不如在中国村庄住上十二个月得到的多。仅次于家庭,我们必须把村庄看作是中国社会生活的一个基本单位。②

在西方学者的影响下,中国社会的"乡土性"也成为中国学者关注的焦点。费孝通先生在《乡土中国》开篇即说:

从基层上看去,中国社会是乡土性的。我说中国社会的基层是乡土性的,那是因为我考虑到从这基层上曾长出一层比较上和乡土基层不完全相同的社会,而且在近百年来更在东西方接触边缘上发生了一种很特殊的社会。这些社会的特殊性我们暂时不提,将来再说。我们不妨先集中注意那些被称为土头土脑的乡下人。他们才是中国社会的基层。③

梁漱溟也认为,中国社会是一个村落社会。所谓村落社会,非如欧洲

---

① [美]明恩浦:《中国乡村生活》,午晴、唐军译,北京:时事出版社,1998年,第1页。

② [美]明恩浦:《中国人德行》,张梦阳、王丽娟译,北京:新世界出版社,2005年,第4—5页。

③ 费孝通:《乡土中国 生育制度》,北京:北京大学出版社,1998年,第6页。

国家社会有村落,而是村落即社会。所以,"求中国国家之新生命必于其农村求之;必农村有新生命而后中国国家乃有新生命焉"。①

如果说自 19 世纪末 20 世纪初西方学者关注乡村中国,是由于西方学者在西方工业文明与中国农业文明的冲突中,建立起来的以西方为都市中心、以中国为乡野的思维模式,那么,中国本土学人对中国社会的"乡土关怀",则是由于近代以来,中国知识分子面对中国农业社会在西方现代工业文明的冲击下出现的危机,认识到中国社会的根本问题是乡村问题,为"救亡图存",实现"富民强国"的理想,而自觉地将自己的人生目标、学术追求与乡村中国紧紧地联系在一起,力图从传统中国社会出发,探索中国现代化的道路。他们研究乡村不是为发思古之幽情,而代表了中国一代有识之士的历史使命和抱负。费孝通下面一段话颇能反映当时一些学者的使命感:

即使我承认传统社会曾经给予若干人生活的幸福或乐趣,我也决不愿意对这传统有丝毫的留恋。不论是好是坏,这传统的局面已经走了,去了。最主要的理由是处境已变。在一个已经工业化了的西洋的旁边,决没有保持匮乏经济在东方的可能。适应于匮乏经济的一套生活方式,维持这套生活方式的价值体系是不能再帮助我们生存在这个新的处境里了。"悠然见南山"的情境尽管高,尽管可以娱人性灵,但是逼人而来的新处境里已找不到无邪的东篱了。我不反对我们能置身当年情景欣赏传统的幽美,但这欣赏并不应挡住我们正视现实:这一个利用自然动力,机器,和庞大组织的生产方法;这人口汇集,车如流水的都市;这财富累积,无厌求得的社会;这疾如流星,四通八达的交通;这已经发现了利用原子能的新世界。②

_____

① 梁漱溟:《河南村治学院旨趣书》,见许纪霖编选:《内圣外王之境——梁漱溟集》,上海:上海文艺出版社,1998 年,第 155 页。

② 费孝通:《乡土重建》,见《民国丛书》第三编(14),上海:上海书店,1948 年,第 9—10 页。

美国学者杜赞奇(Prasenjit Duara)曾从"知识社会学"角度深刻地分析了中国现代"乡土"迷恋的现象：

对于"家乡"或"乡土"的现代迷恋是有关地方(the local)或区域(the regional,汉语中称为乡土、地方)的现代表征的重要组成部分。在20世纪前半叶,"地方"被普遍(尽管并不仅仅被)表征为一个更大的形成物——如民族或文化——之真实价值观念(authentic values)的地点,这种真实价值观念尤其在乡土当中得到具体体现。由于资本主义、现代以及都市的价值观念势力日隆,并对地方构成威胁,这种将地方表征为真实的做法常常被人们所夸大。同时,民族主义也需要一个具有真实性的领域。它力图对这一领域加以保护,使其免受资本主义的腐蚀性和均化性力量(corrosive and homogenizing—forces)的影响。有关真实性的问题——当然,这个问题超出了地方的范围之外——弥漫于关于现代的全球性的话语当中,代表着大致在20世纪前80年间,民族主义与全球资本主义之间的划时代联系当中的中心张力领域。

随着地方在全球范围内成为文化真实性的一个中心焦点,地方话语也出现在各种宣传媒体当中。在20世纪的中国,我们看到,地方话语以木版画、风景艺术、明信片或日历等视觉表现形式,在诸如人类学、民俗研究、地理学、地方史以及乡土文学这样的学科中,而且部分地在诸如乡土重建运动和毛主义的群众运动这样的政治实践中,被生产出来。①

因而,中国近代学人的"乡土关怀",不仅限于人类学、社会学,而滥觞于哲学、文学、史学和政治经济学等众多学科,不拘于理论研究,且贯穿着前赴后继的探索实践。它是广泛而深入的。不同学科背景的学者,各有不同的分析切入点及关注的焦点,形成了各有差异的理论视野或概念

---

① [美]杜赞奇:《地方世界:现代中国的乡土诗学与政治》,褚建芳译,王铭铭主编:《中国人类学评论》第2辑,北京:世界图书出版公司,2007年,第21页。

框架,生成了不同的学派,各个派别的思潮又在交锋碰撞中磨砺、升华。

　　光阴荏苒,岁月如歌。一百多年过去了,中国在追求工业化、现代化的道路上,历尽坎坷,百折不挠①。虽然工业化、都市化程度有了一定提高,但中国依然是农业人口占绝对比例的农民国家;尽管农村收入有相当程度的提高,但城乡差距越拉越大;虽然农村中一部分农户富裕了起来,但贫困户亦比比皆是;虽然一些地区的村社经济有所发展,但一些地方村社经济衰退,农业凋落,大批农民背井离乡,源源不断涌入城市,农村生活冷落,文化萧条;一些地方农民与基层政府关系紧张,一些地方甚至黑恶势力泛滥成灾。凡此种种,令人忧心。言称"危机"固有人以为是言过其实,但"农民真苦,农村真穷,农业真危险"②却是人民心底的呐喊,它警醒人们,乡村依然是中国现代化的瓶颈,"三农"问题依然是中国现代化的根本性问题。于是,"乡土"的思考又重回人们心中。"建设社会主义新农村"既是对现实的回应,也是对历史使命的担当,它的提出和开展更使乡村成为政界、学界等社会各界关注与着力的重点和焦点。如果说乡土中国如何面对"现代"的挑战,是 20 世纪中国知识分子关注的主要问题之一的话,这个问题也注定是新世纪知识分子必须关注的重要问题。近20 年来,中国人文社会科学界的"乡村研究热",实际上是对 20 世纪上半叶乡土中国研究的认同、回归、反思和拓展。从某种意义上说,有着共同使命的新老世纪的中国知识分子心灵是相通的,我们完全可以而事实上也是在与前辈们进行超越时空的"对话"中,获得对乡土社会及其变迁的新认识。因此,对中国百年来的"乡土"思想及其实践进行回顾和研究,

---

　　① 〔美〕吉尔伯特·罗兹曼:《中国的现代化》,国家社会科学基金"比较现代化"课题组译,南京:江苏人民出版社,2005 年,第 6—7 页;温铁军:《百年中国,一波四折》,载《读书》2001 年第 3 期,第 3—11 页。

　　② 2000 年 3 月,时任湖北省监利县棋盘乡党委书记的李昌平,怀着对中国共产党的赤诚之心和对农民的深切同情,直言上书当时的国务院总理朱镕基,痛陈"农民真苦,农村真穷,农业真危险",引起高度重视,朱镕基等中央领导动情批复,由此在当地引发一场"痛苦而尖锐的改革","三农"问题于是在全国范围内倍受社会各界关注。参见李昌平:《我向总理说实话》,北京:光明日报出版社,2002 年。

具有极其重大的意义。这种意义不仅是理论上的,而且是实践上的;不仅是历史的,而且是现实的。

英国人类学家谢林(Teodor Shanin)曾经说过:"知识——尤其是农村的知识——对社会的重大意义只有农村本身的复杂性与难以捉摸足以相比,知识有巨大的力量,可以影响人类而使之动员,能够制造变迁也能中止变迁。这一切可以使乡民社会研究者的生活感到刺激而有价值,甚至是具有突破性与革命性。"①先贤志士的乡土思想与实践探索已在中国近代史中显示了巨大的力量,现如今,在新的历史条件下,社会主义新农村建设正如火如荼地开展,"乡土"的探索依然继续。我们期待着能通过梳理总结这些理论和实践的成败得失,为社会主义新农村建设发挥参考借鉴作用。果若能如此,则幸莫大焉!因为中华民族复兴之梦依然继续着,乡土依然是魂牵梦绕之所在。

---

① 谢林:《乡民经济的本质与逻辑》,见沃尔夫著:《乡民社会》,张恭启译,台北:巨流图书公司,1983年,第204—205页。

第一章　社会调查派

　　从前我国的士大夫,向来抱着半部论语治天下的态度,对于现实的社会状态,毫不注意,只以模仿古人为能事。等到西洋的炮火惊醒了这迷梦,又完全拜倒在西洋文明之下。每每不顾国情,盲目地整个把西洋的各种主义和制度,介绍到中国来。以为只要学得惟妙惟肖,便是社会的福利。哪知道主义和制度介绍得越多,中国的社会,反倒越发絮乱越发黑暗了。于是一部分有识之士,看出这种只模仿他人而不认识自己的流弊,便起而提倡社会调查运动。主张用科学的精密的方法,研究我们自己的现实社会。我们必须先认识自己的社会,然后才可以根据这认识规定改进社会的计划。这如同治病一样,必须先检查病源,然后才可以处方下药。

——陶孟和①

　　吾国数千年来,书籍浩繁,而关于社会实况之抒述甚鲜。故吾人欲洞悉古昔社会一般之情形,民风物情之梗概,仅能于稗史杂记中见之,鳞爪断碎,欲自其中得一社会状况整个之印象,至难能也。第昔时农业自足之社会,人民耕而食,桑苎而衣,伐木艺竹而材,服先畴而习旧规变迁甚微。自东西沟通以来,西洋经济努力,渐渐侵入吾国,人民之经济生活,随之而产生变迁。而经济蜕变之时,新陈代谢之

---

　　① 陶孟和:《定县社会概况调查·陶序》,见李景汉编著:《定县社会概况调查》,上海:上海世纪出版集团,2005年,第5页。

际,又易发生病态,影响人民生机。故在今日研究社会情况,较昔时重要远甚。加以近二十年来,内战频仍,匪祸滋蔓,人民困于诛求,几无宁岁,匪区农地荒废,生产没落,全国农民经济已达破产时期,整个社会亦极呈临危不安之象,民困已深,调查尤为急务。民国政府年来,怵目民艰,已屡有注意农村建设之计划,第思想必根于事实,建设必本于实况,病征不悉,治疗无从,故居尝谓调查社会实况,实为今后一切建设之根本要图。

——何廉①

中国的社会调查概念体系源于西方,尽管在实学思想的刺激下,中国自古即有社会调查之行为②,但是作为行政管理、军事行动及某些经济管理的附属活动而存在和发展的,并不系统。19世纪末20世纪初,中国正处于一个转折的关头。历经了一系列的革命运动和转变之后,一些知识分子认识到,只有进行社会改造,才能改变政治专制、经济衰弱、文化陈旧的局面。于是,他们高举民主与科学的旗帜,以"到民间去"为口号,掀起了一场变革运动。在此情况下,社会调查运动也如火如荼地开展起来。当时,西方社会学已传入中国。社会学要扬弃思辨性的哲学,成为一门正真正的科学,最基础的工作就是社会调查。所以,受西方社会学影响的中国知识分子,自然也就接受了社会调查的概念体系。然而,中国知识分子并不仅仅把社会调查作为实证研究的重要工具和手段。在中国知识分子看来,所谓社会调查就是以系统的科学方法,调查社会的实际情况,用统计方法整理搜集的材料,分析社会现象构成的要素,由此洞悉事实真相,发现社会现象的因果关系。根据调查的结果,研究计划改善社会的方案。再按照社会状况,以适当的展览宣传的手段,唤起民众,使他们认识到关

---

① 何廉:《定县社会概况调查·何序》,见李景汉编著:《定县社会概况调查》,上海:上海世纪出版集团,2005年,第9页。

② 范伟达、王竞、范冰编著:《中国社会调查史》,上海:复旦大学出版社,2008年,第1—35页。

系自身利益的问题,进而自动地、并督促地方负责者,认真且有效率地实行拟订的方案,解决社会问题。① 社会调查是认识社会、改造社会的基础,是建设新中国的重要工具。

社会调查派当然并非仅仅局限于农村的调查研究,但在"到民间去"的理念的感召下,他们的调查研究是以向社会底层人群为主,农村的调查研究自然是其重要领域。此派的主要代表人物有陶孟和、李景汉、杨开道、乔启明、言心哲等。其中,贡献最大者当推陶孟和和李景汉。前者是社会调查派的开创者、推动者;后者是此派中最有影响的人物,他最杰出的成就是农村调查。

一、陶孟和:从调查改革社会

陶孟和(1887—1961),祖籍浙江绍兴,出生于天津。1906 年赴日留学,在东京高等师范学校攻读历史和地理。1910 年回国,赴英国求学,在伦敦大学攻读社会学,获科学学士学位。1913 年,获伦敦政治经济学院经济学博士学位。1914 年回国后,进入北京大学任教。留学伦敦期间,陶孟和师从社会学家威斯特马克(E. A. Westermarck)和霍伯浩斯(L. T. Houbhouse),与后来成为英国社会人类学大师的马林诺夫斯基(B. Malinowski)是同学。当时,英国社会科学家兼社会活动家韦伯夫妇(Sidney & Beatrce Webb)和作家萧伯纳等创办伦敦经济学院和"费边社",主张既要研习社会科学,又要进行社会调查和社会改良。他们对劳工、失业、贫困、老年人等问题开展了很多调查,并从立法上对工时、养老金、工会组织等问题提出建议。韦伯夫人还在 1912 年建立了"费边调查部",从事工业管理等问题的调查。他们这种以社会调查推动立法,最终

① 李景汉:《实地社会调查方法》,据星云堂书店 1933 年版影印,辑入《民国丛书》第三编第 17 册,上海:上海书店,1991 年,第 11 页。

实现社会主义的"费边学说"在当时英国社会影响巨大,也对陶孟和产生了重大影响。1912 年,陶孟和与同学梁宇皋想编纂一部论述中国社会生活的书《中国的乡村与城镇生活》,向外国人介绍中国社会生活的状况。此时,英国已有了一批社会调查的成果,最著名的就是《伦敦人的生活与工作》。陶孟和以为,参考借鉴这些成果,写一部反映中国人生活的书并不难。然而,他很快发现中国这方面的资料基本是空白。中国的史书、志书汗牛充栋,可有关老百姓真实生活的记述少之又少,中国的历史没有一部是描写人民的历史。于是,他立下宏愿,"要把中国社会的各方面全调查一番"。在他的提议下,《新青年》开辟了"社会调查"专栏。他在该专栏发表文章,呼吁从调查农民生活开始,大力开展社会调查。

1926 年,陶孟和开始了他社会调查的实践。当年 2 月,陶孟和提出一个社会调查计划,得到美国一个宗教团体的赞同。该团体捐赠 3 年专款,委托中华教育文化基金会增设一个社会调查部,从事社会调查工作,并聘请陶孟和主其事。这个机构一成立,陶孟和即提出三项研究课题:一是"社会调查方法"研究;二是北京工人生活费的调查研究;三是北京郊区农民生活费的调查研究。经过三年努力,樊弘完成了《社会调查方法》(1927);陶孟和完成了《北平生活费之分析》(1928);王清彬、林颂河等完成了《第一次中国劳动年鉴》;李景汉完成了《北平郊区之乡村家庭》(1929)。

1929 年,陶孟和把社会调查部改组为独立机构——社会调查所。社会调查所成立后,广泛开展了中国近代经济史、政治制度、经济理论、工业经济、农业经济、对外贸易、财政金融、劳动问题、人口问题、统计 10 类科目的调查研究。

1930 年,社会调查所创办《社会科学杂志》和《中国近代经济史研究集刊》,陶孟和都是主编之一。

1934 年,社会调查所并入中央研究院社会科学研究所,陶孟和任所长。调查研究工作仍按原计划进行。

在陶孟和看来,辛亥革命以后,共和制已实行多年,但这个"民国"是没有人民的声息,是没有人民的民国;有什么样的人民,就有什么样的政府,讨论政治,不仅要讨论制度问题,还要讨论人的问题,要先造就有资格的人民,不能空谈制度。而要造就有资格的人民,陶孟和指出:

我的见解就是先求了解——就著我们心理与言语的可能的范围之内求透彻的深远的了解。人一定要笑话这个见解过于迂远,以为局势危迫,时不我待,那里还有工夫去求了解。不知世上的事业没有捷路可走的,因为捷路就是远路,并且是危险的路。有了真的了解就得到真的解决。人类了解了物质所以才能支配物质,了解了自然界所以才能支配自然界。我们也必先了解中国问题各种的情形,然后才有配提议解决方案的资格,然后才有支配那问题的能力。①

陶孟和的所谓"了解",就是社会调查。在他看来,"这个调查除了学术上的趣味以外,还有实际功用。一则可以知道我国社会的好处,例如家庭生活种种事情,婚丧祭祀种种制度,凡是使人民全体生活良善之点,皆应保存;一则可以寻出吾国社会上种种,凡是使人民不得其所,或阻害人民发达之点,当求改良的方法"。②

二、李景汉:根据调查解决社会问题

李景汉(1895—1986),北京通州人。1917年赴美留学,专攻社会学及社会调查研究方法。1920年在珀玛拿大学获学士学位,后在哥伦比亚大学、加利福尼亚大学读研究生课程,1922年获加大硕士学位。1924年

---

① 陶孟和:《怎样解决中国的问题》,《孟和文存》卷一,上海:亚东图书馆,1925年,第48—49页。
② 转引自范伟达、王竞、范冰编著:《中国社会调查史》,上海:复旦大学出版社,2008年,第44页。

回国后即任北京社会调查所干事,参与许仕廉的《中国社会学》杂志(1924—1925)的创办工作。1926 年起担任中华教育文化基金委员会社会调查部主任,同时兼任燕京大学社会学系讲师,讲授社会调查研究方法课程。李景汉留学期间,对由于当时中国没有人口、性别比例、工资指数、土地分配等统计资料,无法回答老师问题,备感耻辱,因而回国后,发愤从最基础的社会调查与统计分析做起。①

1926—1927 年间,李景汉指导严景耀、张世文等 11 名学生,主要采用问卷和记账法,对北平(今北京)郊外 4 个村 164 户进行了实地调查,并于 1929 年 5 月出版了调研成果《北平郊外之乡村家庭》。该书按村庄性质和调研目的分为两部分。第一部是"挂甲屯村一百家之社会的及经济的调查",包括"绪论"、"人口与家庭"、"家庭的收入"、"家庭的生活状况与支出"、"村民其他状况"5 章和 50 个表。第二部是"黑山扈村马连洼村与东村六十四家之社会的及经济的调查",包括"人口与家庭"、"家雇的产业与收入"、"家庭的生活状况与支出"3 章和 50 个表。书的最后是"附录:乡村家庭调查表"。②

在北平郊外的乡村家庭调查之前,中国乡村的实证性调查已经如火如荼地开展。如 1921—1925 年间,美籍学者卜凯(John L. Buck)指导学生在全国 17 个省调查 2866 个农家,写成《中国农场经济》。1922 年,马伦(C. B. Malone)、戴乐仁(J. B. Taylor)组织和指导北平 9 所大学学生共61 人,对全国 5 省 140 个村庄进行了调查,调查项目包括农村人口密度、年龄、男女性比例、生育率、死亡率、迁移、家庭大小、住房、田地大小与所有权、家庭收入、职业、贫困问题等,调查结果形成了《中国农村经济研究》。1923—1924 年间,沪江大学访问教授、美国布朗大学教授白克令

---

① 田彩凤:《李景汉》,《清华人物志》(三),北京:清华大学出版社,1995 年,第 92—93 页;阎明:《一门学科与一个时代——社会学在中国》,北京:清华大学出版社,2004 年,第 30—31 页。

② 李景汉:《北平郊外之乡村家庭》,北平:商务印书馆,1929 年;郑杭生:《李景汉与〈北平郊外之乡村家庭〉》,载《中国社会工作》1998 年第 2 期,第 39—41 页。

（H. S. Bucklin）指导学生，对当时上海一个有360户的乡村沈家行进行调查，调查成果在1924年由张镜予编辑成《沈家行实况》出版。[①] 1925年，清华大学陈达教授指导学生在附近的成府村调查了91家家庭居民及本校141位工人的生活状况[②]。但李景汉对北平郊外乡村家庭的调查在方法上强调数据的真实性和完备性，所获得的材料非常详尽和准确。从李景汉的学术历程考察，此次调查是他调查重点从城市转向农村的过渡。此次调查使李先生初步看到了中国乡村社会存在的"愚、弱、贫、私"，成为推动他大规模农村调查的一个契机[③]。

1928年，李景汉应晏阳初之邀，担任中华平民教育促进会定县实验区调查部主任，开始了对定县的长期调查，于1933年出版了堪称中国农村社会调查经典之作的《定县社会概况调查》。该书为中国首次以县为单位的系统的大型实地调查报告，共17章，洋洋83万言，囊括了地理、历史、县政府以及其他地方团体、人口、教育、健康、卫生、农民生活费、乡村娱乐、风俗与习惯、信仰、财税、县财政、农业、工商业、农村借贷、灾荒、兵灾等方方面面的内容，全面翔实，真实地向人们展示了一幅中国农村生活的生动画卷，被认为是20世纪30年代中期社会调查研究发展到高峰时期具有代表意义的一项调查成果。与此前的调查相比，其贡献与方法特点是突出的。此前有些调查虽然论述的范围较大，但实际根据的材料，往往是零碎的、少数农村某个方面的零星资料。而本调查是包括定县一切社会情况的全面调查，资料之详细、充实是少有的。在调查研究方法上，它既延续了西方传统的社会调查方法，又充分利用了中国地方志所特有的结构和格式而有所改造。它突出资料的客观性，只提供客观现象的数据，不加任何粉饰和解释，不加任何价值判断，正如该书"序言"所说："本

---

① 阎明：《一门学科与一个时代——社会学在中国》，北京：清华大学出版社，2004年，第18—20、83—84页。

② 韩明汉：《中国社会学史》，天津：天津人民出版社，1987年，第134—135页。

③ 郑杭生：《李景汉与〈北平郊外之乡村家庭〉》，载《中国社会工作》1998年第2期，第39—41页。

书在报告多种赤裸裸的事实以外不下评论和结论,连较细的解释也是很少的"。"好像矿工把山间一块一块的矿石开出来送给化验师们去化炼,由他们随便炼出什么有价值的东西来"。① 这淋漓尽致地体现了西方传统实证主义的社会调查方法②。

但李景汉不是为调查而调查,不是只为取一些数字材料,而是为了解决问题而调查。他认为,举行调查必有一定清楚的目的,是人们根据调查的结果来改善社会实际生活,解决社会问题,增进人类幸福。他曾深有感触地说:

现在谈民治主义的人不算少,但是有几位曾到三万万农民里去实地调查呢?讲社会主义的人也不算少,但是有几位曾经详细剖解民众内容,专心研究工人现状的呢?我以为若要彻底的补救社会,断不能凭借任何一种舶来品的什么主义。解决社会问题的基础,在乎赤条条的事实,在乎烦琐复杂的事实,在乎用长时间和忍耐心换来的事实的调查。我是信仰社会调查的。③

现在有一个很时髦的口号是"打倒"。凡不顺某人之眼,或不合某派之心的事事物物,统统在打倒之列。孔子打倒,礼教打倒,宗教打倒,早婚旧历打倒,旧戏打倒,知识阶级打倒,反动打倒,娼妓打倒,马褂打倒,总之古传的大半可以打倒,目下许多见到的亦应打倒。有全盘打倒,一扫而光之势。热闹则热闹矣,紧张则紧张矣。结果呢,有的打而不倒,有的不打而自倒,有的打倒而又起来,而又打不倒。如此乱打乱倒不大要紧,老百姓夹在打与倒的中间可就大受其罪了。社会调查的工作,不是破坏是建设,是要调查出来何者的确应该打倒,如何才能打倒,打倒的步骤为何,打

① 李景汉:《定县社会概况调查》,上海:上海世纪出版集团,2005年,第15页。
② 韩明谟:《中国社会学调查研究方法和方法论发展的三个里程碑》,载《北京大学学报》(哲学社会科学版)1997年第4期,第5—15页。
③ 李景汉:《北京拉车的苦工》,载《现代评论》第三卷第62期,1926年2月,第185页。

倒以后拿甚么较好的来代替,否则先慢著打倒。吃粗粮固然不好,而犹胜于无粮饿死,破屋固然不好,而犹胜于无屋冻死。好食物有了准备之后再弃粗粮,好屋建筑之后再拆破屋。否则非弄成鸡飞蛋打,国困民穷,甚至亡国灭种不可。①

    深受实证主义思潮影响的社会调查派,主要用统计学方法进行调查,以数据来展示、叙述中国社会实况,对社会事实存在的原因及社会各部相关的意义则不深究,所依据的理论不多,也不以抽象出系统化理论为目标。"社会调查是社会服务学家的观点,其主旨不在认识社会,而在改良社会,故着重社会问题的诊断。"②这在《定县社会概况调查》一书中得到了充分表现。陈翰笙曾说:"从定县的概况调查并不难看出中国社会一般的愚和穷和弱和私的病象;愚和弱和私尽管直接或间接影响于穷,但穷——农民的贫穷化——确是愚和弱和私的根本原因。目前中国经济正在恶化,农民皇皇乎求生之不得,农村教育的推进必然要受到重大的阻碍。定县社会概况调查可算对于这些病象作了一个切实的诊断。"③而在李景汉看来:"定县是中国一千九百余县中的一个县,人口约四十万众,约等于全国人口的千分之一。县内的农民生活,乡村组织,农业等情形可以相当地代表中国的农村社会,尤其是华北的各县情形,也可以大致说明全国农村社会的缩影。有许多定县的社会现象和问题也就是其他地方的现象和问题。吾人要继续集中精神,彻底的从事研究定县的各种社会问题,求得解决的方案的目的亦即在此:因为不是单为定县而研究,乃是为全国而研究的。"④尽管社会调查派对于中国农村改良没有提出什么系统

---

    ① 李景汉:《实地社会调查方法》,据星云堂书店 1933 年版影印,辑入《民国丛书》第三编第 17 册,上海:上海书店,1991 年,第 5 页。
    ② 《吴文藻人类学社会学研究文集》,北京:民族出版社,1990 年,第 157 页。
    ③ 陈翰笙:《定县社会概况调查·陈序》,见李景汉编著:《定县社会概况调查》,上海:上海世纪出版集团,2005 年,第 11—12 页。
    ④ 李景汉:《定县社会概况调查》,上海:上海世纪出版集团,2005 年,第 15 页。

的理论观点,但其为了改良中国社会的目标,而进行社会调查的方法论的革新,乃是重大贡献之一。它开启了用现代社会调查方法研究中国社会特别是乡村社会的先河,为现代"乡土思想"的产生和发展奠定了方法论的基础。

第二章　平民文化派

我们智识阶级的人实在太暮气了，我们的精神和体质实在太衰老了，如再不吸收多量的强壮的血液，我们民族的前途更不知要衰颓的成什么样子了！强壮的血液在哪里？这并不难找，强壮的民族的文化是一种，自己民族中的下级社会的文化保存着一点人类的新鲜气象的一种。

——顾颉刚①

民间文艺，是平民文化的结晶品：我们要了解我们中国的民众心理、生活、语言、思想、风格、习惯等等，不能不研究民间文艺；我们要欣赏活泼泼赤裸裸有生命的文学，不能不研究民间文艺；我们要改良社会，纠正民众的谬误的观念，指导民众以行为的标准，不能不研究民间文艺。

——董作宾②

平民文化派又称民间文艺学派或民俗文化派，代表人物有刘复、周作人、顾颉刚、董作宾、容肇祖、刘半农、闻一多、钟敬文等。此派的思想颇具民粹主义色彩，认为流传于百姓间的民间文化或俗文学比"精英文化"或

---

① 顾颉刚：《妙峰山》，上海：上海文艺出版社，1988 年，第 73—74 页。
② 董作宾：《为〈民间文艺〉敬告读者》，见苑利主编：《二十世纪中国民俗学经典·学术史卷》，北京：社会科学文献出版社，2002 年，第 296 页。

"正统文学"更加丰富多彩,生机勃勃。因而,要"到民间去",找寻改造中国文化的新鲜元素与动力。顾颉刚先生曾以自己的语言明确地表达了这种思想,他说:

我们智识阶级的人实在太暮气了,我们的精神和体质实在太衰老了,如再不吸收多量的强壮的血液,我们民族的前途更不知要衰颓的成什么样子了!强壮的血液在哪里?这并不难找,强壮的民族的文化是一种,自己民族中的下级社会的文化保存着一点人类的新鲜气象的一种。①

平民文化派学者的这一思想是对中国传统思想的反叛。"在我国幅员广阔的国境中,虽然绝大多数省份的人民,使用着一种大致相同或相近的普通话(白话,它是千百年来社会、政治及交通等的发达所逐渐形成的,像上文所谈及,它也产生过许多通俗作品——有的还是文学史上的杰作)。但是它跟当时朝廷及一般读书人所使用的文字是不相应合的,是各自成体系的——其中只有少数的基本词汇和语法彼此还有关联。并且从文化心理上看,这种广泛存在的活文化(普通话)在当时许多知识分子(特别是士大夫阶级)眼中是鄙俗的,没有文化价值的"。② 可是,民间文艺学派学者的思想与"五四"新文化运动中许多知识分子有共鸣之处。新文化运动中整理国故和推广白话文的倡导,改变了新知识分子对大众文化的态度。1923 年,胡适在《〈国学季刊〉发刊宣言》中写道:

在历史的眼光里,今日民间小儿女的歌谣,和《诗三百篇》有同等的位置;民间流传的小说,和高文典册有同等的位置,……一本石印小字的《平妖传》和一部精刻的残本《五代史平话》有同样的价值,正如《道藏》

---

① 顾颉刚:《妙峰山》,上海:上海文艺出版社,1988 年,第73—74 页。
② 钟敬文:《钟敬文文集·民俗学卷》,合肥:安徽教育出版社,1999 年,第109 页。

里极荒谬的道教经典和《尚书》、《周易》有同等的研究价值。

总之,我们所谓"用历史的眼光来扩大国学研究的范围",只是要我们大家认清国学是国故学,而国故学包括一切过去的文化历史。……过去种种,上自思想学术之大,下至一个字,一支山歌之细,都是历史,都属于国学研究的范围。[1]

与胡适提倡把大众文化历史纳入国故学研究范围相呼应,董作宾先生在《为〈民间文艺〉敬告读者》中指出:

从历史上演成的一种势力,使社会分出贵族和平民的两个阶段,不但他们的生活迥异,而且文化悬殊。无疑义的,中国两千年来只有贵族的文化:二十四史,是他们的家乘族谱;一切文学,是他们的玩好娱乐之具;纲常伦理、政教律令,是他们的护身符和宰割平民的武器。而平民的文化,却很少有人去垂青。但是平民文化也并不因此而湮灭,他们用口耳相传来替代汉简漆书,他们把自己的思想、艺术、礼俗、道德及一切,都尽量的储藏在他们的文化之府——《民间文艺》的宝库里,永远的保存而且继续地发展着。

民间文艺,是平民文化的结晶品:我们要了解我们中国的民众心理、生活、语言、思想、风格、习惯等等,不能不研究民间文艺;我们要欣赏活泼泼赤裸裸有生命的文学,不能不研究民间文艺;我们要改良社会,纠正民众的谬误的观念,指导民众以行为的标准,不能不研究民间文艺。……

……在我们的眼眶中,歌谣、谚语的价值,不亚于宋词、唐诗;故事、传说的重要,不亚于正史、通鉴;寓言、笑话,不让于庄生东方的滑稽;小曲、唱书,不劣于昆腔乐府的美妙。因为这是民族精神所寄托,这是平民文化的表现。我们为此而征集、发表、整理、研究中国全民族的各种

---

[1]　胡适:《胡适文选》,亚东图书馆,1930 年,第322—323 页。

文艺，……①

顾颉刚先生在《〈民俗〉发刊辞》中高呼：

我们要站在民众的立场来认识民众！

我们要探检各种民众的生活，民众的欲求，来认识整个的社会！

我们自己就是民众，应该各各体验自己的生活！

我们要把几千年埋没着的民众艺术，民众信仰，民众习惯，一层一层地发掘出来！

我们要打破以圣贤为中心的历史，建设全民众的历史！②

可见，平等地对待大众文化，"到民间去"找寻中国文化发展的动力，是新文化运动的新思潮，正是在此新思潮影响下，平民文化派得以产生。钟敬文先生曾一针见血地指出：

"五四"时期，那些从事新文化活动的学者们，大都是具有爱国思想和受过近代西洋文化洗礼的。同时他们又是比较熟悉中国传统文化的。他们觉得要振兴中国，必须改造人民的素质和传统文化。而传统文化中最要不得的是上层社会的那些文化。至于中、下层文化虽然也有坏的部分，但却有许多可取的部分，甚至还是极可宝贵的遗产（这主要是从民主主义角度观察的结果，同时还有西洋近代学术理论的借鉴作用）。尽管在他们中间，由于教养等不同，在对个别的问题上，彼此的看法有参差的地方，但是在主要的问题上却是一致的。这就形成了他们在对待传统里

---

① 董作宾：《为〈民间文艺〉敬告读者》，见苑利主编：《二十世纪中国民俗学经典·学术史卷》，北京：社会科学文献出版社，2002年，第295—297页。

② 顾颉刚：《〈民俗〉发刊辞》，见苑利主编：《二十世纪中国民俗学经典·学术史卷》，北京：社会科学文献出版社，2002年，第299页。

中、下层文化的共同态度和活动。①

　　为了到民间去寻找改造中国文化的新元素和动力,平民文化派的学者们首先在北京大学发起了"歌谣运动"。这一运动是由蔡元培、鲁迅和周作人倡导的。蔡元培是我国著名的民主革命家、教育家,杰出的学者。他在 1902 年编《文变》一书时即收入梁启超的《之那人之物质》、蒋观云的《风俗篇》、阙名的《文明国人之野蛮行为》等有关文章。1916 年撰文指出:"洞悉中国之人情风俗,与现今改进之势,不致时时误会,于国际上必很有益。"②所以,1918 年,当刘半农等发起征集歌谣运动时,时任北京大学校长的蔡元培立即予以支持。鲁迅是我国现代伟大的文学家、思想家。早在 1908 年就发表《摩罗诗力说》、《破恶声论》,阐发其对歌谣、神话的观点。1913 年,他在《教育部编纂处月刊》发表《拟播布美术意见书》提出:"当立国民文术研究会,以理各地歌谣、俚谚、传说、童话等;详其意谊,辨其特性,又发挥而光大之,并以辅翼教育。"还亲自搜集歌谣,亲自为北京大学《歌谣周年纪念增刊》设计封面。③ 周作人是我国现代著名散文家,五四新文化运动领导人之一。自 1906 年留学日本时起,即反对贵族文化,提倡平民文化。1913 年开始在家乡绍兴编《越中儿歌集》;1914 年 1 月在绍兴县教育会月刊刊登"启事"征集歌谣。还在该刊发表《儿歌之研究》一文,第一次把"民俗学"一词引入中国。1918 年,刘半农、沈尹默发起成立北京大学歌谣征集处不久,周作人加入其中。1920 年,当刘半农、沈尹默赴欧留学后,周作人负责歌谣征集处工作,于当年年底改为北京大学歌谣研究会。1922 年 12 月创立《歌谣周刊》,并亲撰《发

　　① 钟敬文:《"五四"时期民俗文化学的兴起——呈献于顾颉刚、董作宾诸故人之灵》,载《佳木斯大学社会科学学报》1999 年第 4 期,第 2—3 页。
　　② 蔡元培:《中国文学的沿革》,见《蔡元培全集》第 4 卷,杭州:浙江教育出版社,1997 年。
　　③ 王文宝:《中国民俗研究史》,哈尔滨:黑龙江人民出版社,2003 年,第 46 页。

刊词》。① 在此前后，他撰写了大量介绍和研究民歌和民俗的重要文章，如《猥亵的歌谣》、《歌谣与方言调查》、《绍兴儿歌述略·序》、《中国民歌的价值》、《祖先崇拜》、《萨满教的礼教思想》、《乡村与道教思想》、《求雨》、《再求雨》、《江阴船歌序》、《读〈童谣大观〉》、《读〈各省童谣集〉》等，引起了学术界的重视。他推崇民间审美情绪，主张"离开了廊庙朝廷，多注意田街坊巷的事，渐与田夫野老相接触"的思想②，以及他身体力行的调查研究有力地推动了"歌谣运动"的发展。

经蔡元培、鲁迅和周作人等的倡导，越来越多学者参与其中，"歌谣运动"不断深入和扩展。1918 年 5 月 20 日，北京大学歌谣征集章程刊登仅 3 月余，歌谣搜集之风便已如火如荼。《北京大学日刊》第 141 号在《歌谣选由日刊发表》的报道说，所收校内外来稿已有八十余起，凡歌谣一千一百余章。自 5 月 20 日起，各地搜寄歌谣，由《北京大学日刊》"日刊一章"，至 1919 年 5 月 22 日，共发表 15 个省市歌谣 148 首。受《北京大学日刊》发表"歌谣选"的影响，1916 年创办的《晨报》和 1919 年创办的《少年》、《新生活》等，也刊登各地搜集的歌谣作品。一时间，"发表歌谣谚语，已成为一种风气"。后来，北京大学歌谣研究会还创办了专门发表这些歌谣作品的《歌谣周刊》。③

发起和参与"歌谣运动"的学者是在"民主与科学"的文化革命思潮大形势下集拢而来的。总的说来，他们主张走进民间、贴近民生，展现了中国文化的多元性，从中国文化"小传统"中找寻新的元素和动力，激活和改造"大传统"，但其中学者因学术背景差异，着力探索的取向一开始便有所不同。周作人在《〈歌谣周刊〉发刊词》中说：

① 周作人：《〈歌谣周刊〉发刊词》，见苑利主编：《二十世纪中国民俗学经典·学术史卷》，北京：社会科学文献出版社，2002 年，第 272—273 页。
② 钱理群：《周作人的民俗学研究与国民性考察》，载《北京大学学报》（哲学社会科学版）1988 年第 5 期。
③ 王文宝：《中国民俗研究史》，哈尔滨：黑龙江人民出版社，2003 年，第 51—52 页。

本会搜集歌谣的目的共有两种，一是学术的，一是文艺的。我们相信民俗学的研究在现今的中国确是很重要的一件事业，虽然还没有学者注意及此，只靠几个有志未遂的人是做不出什么来的，但是也不能不各尽一分的力，至少去供给多少材料或引起一点兴味。歌谣是民俗学上的一种重要的资料，我们把它辑录起来，以备专门的研究：这是第一个目的。因此我们希望投稿者不必自己先加甄别，尽量地录寄，因为在学术上是无所谓卑猥或粗鄙的。从这学术的资料之中，再由文艺批评的眼光来选择，编成一部国民心声的选集。意大利的卫太尔曾说："根据在这歌谣之上，根据在人民的真感情之上，一种新的'民族的诗'也许能产生出来。"所以这种工作不仅是在表彰现在隐藏着的光辉，还在引起当来的民族的诗的发展：这是第二个目的。①

"学术的"和"艺术的"两种目的大体对应了"民俗学的"和"文学的"两种学术取向。但平民文化派的学术取向其实并不局限于此。顾颉刚等以民间歌谣阐释经典，用民间故事演变的眼光看待古史的"古史辨"，所代表的是"史学的"学术取向。所以，平民文化派至少包括了民俗学、民间文学、新史学三个方向的探索。

一、民 俗 学

民俗学方向探索的代表人物主要有周作人、顾颉刚、钟敬文、娄子匡等。随着歌谣搜集运动的深入发展，这些学者在歌谣研究上明显地倾向于民俗学。1923 年 1 月 7 日，《歌谣》周刊编者之一常惠在回答蔚文的来信时说："我们研究'民俗学'就是采集民间的资料，完全用科学的方法整

---

① 周作人：《〈歌谣周刊〉发刊词》，见苑利主编：《二十世纪中国民俗学经典·学术史卷》，北京：社会科学文献出版社，2002 年，第 273 页。

理他,至于整理之后呢,不过供给学者采用罢了","等我们将来把'歌谣研究会'改为'民俗学会'扩充起来再说吧!"①1923 年和 1924 年,"风俗调查会"和"方言调查会"先后成立,开展了相应的调查和研究活动。1924 年,周作人、常惠和容肇祖等积极主张将"歌谣研究会"改为"民俗学会",虽遭至钱玄同、沈兼士等反对而未果。但周作人、常惠和容肇祖等人在《歌谣》周刊第 64 号刊出一则《本会启事》称:"歌谣本是民俗学中之一部分,我们要研究它是处处离不开民俗学的;但是我们现在只管歌谣,旁的一切属于民俗学范围以内的全部都抛弃了,不但可惜而且颇感困难。所以我们先注重在民俗文艺中的两部分:一是散文的:童话,寓言,笑话,英雄故事,地方传说等;二是韵文的:歌谣,唱本,谜语,谚语,歇后语等,一律欢迎投稿。再倘有关于民俗学的论文,不论长短都特别欢迎。"②此后,《歌谣》周刊扩版刊发民俗研究文章。第 49 号刊登了董作宾的《为方言进一解》,第 50 号刊登了顾颉刚的《东岳庙七十二司》,第 55 号刊发了一期"方言标音专号",第 56、57、58、59—60 号连续刊发 4 期"婚姻专号",歌谣研究的民俗学特点日渐突出。

1928 年,南下中山大学的顾颉刚创立了中山大学民俗学会,把《民间文艺》改为《民俗》,并亲自撰写了发刊辞,呼吁"要把几千年埋没着的民众艺术,民众信仰,民众习惯,一层一层地发掘出来"!1929 年,顾颉刚又撰文评价北京大学歌谣研究会的成败得失,强调民俗学在歌谣研究中的重要性。他说:

北京大学初征集歌谣时,原没想到歌谣内容的复杂,数量的众多,所以只希望于短期内编成《汇编》及《选粹》两种:《汇编》是中国歌谣的全份,《选粹》是用文学眼光抉择的选本。因为那时征求歌谣的动机不过想供文艺界的参考,为白纻歌竹枝词等多一旁证而已。不料一经工作,昔日

---

① 见《歌谣》周刊第 10 号(1923 年 1 月 7 日)第 4 版。
② 见《歌谣》周刊第 64 号(1924 年 3 月 9 日)第 1 版。

的设想再也支持不下。五六年中虽然征集到两万首，但把地图一比勘就知道只是很寥落的几处地方供给我们材料，况且这几处地方的材料尚是很零星的，哪里说得到《汇编》。歌谣的研究只使我们感到它在民俗学中的地位比较在文学中的地位为重要，逼得我们自愧民俗学方面的知识的缺乏而激起努力寻求的志愿，文学一义简直顾不到，更哪里说得到《选粹》。①

　　顾颉刚的这些动作，使歌谣研究向民俗学方向迈出了实质性的步伐。1936 年，顾颉刚又发起成立了"风谣学会"，并先后分别于南京《中央日报》、北京《民声报》和《晨报》创办《民风周刊》、《民俗周刊》、《谣俗周刊》刊发各地调查的"风谣"资料及研究文章。这些做法影响到了全国各地，民间文学和民俗的收集、研究蔚然成风，为我国民俗学和民间文学的建立和成长奠定了坚实基础。

　　但顾颉刚所理解的"民俗学"，具有历史的意味，他在倡导"民俗学"时，一开始就用历史学观点代替了民俗学的"正统观念"和学理。这招致了钟敬文等人的不满。钟敬文在 1928 年 9 月他编辑的《民俗》上写道："各人对于这个学问的意见，颇有未能尽同之处，这也是我们所觉得缺憾的。譬如，我们第一期所披露的《发刊辞》，便很可作这个的证见。这个发刊辞，是顾颉刚先生的手笔，顾先生是一位史学家，他看什么东西，有时都带着历史的意味。他那惊人的'孟姜女故事的研究'，据他在《古史辨》序的供词，便是为他研究古史工作的一部分。所以这个发刊辞，就是他用他历史学家的眼光写成的，——是否有意，我不得而知，——我们只要把她和同期所载何思敬先生的'民俗学的问题'略一比看，就可明白。又在许多文字里，颇有些话，不很与民俗学的正统的观念相符的，我在看稿时，虽然很清楚地看到，但因为种种关系，也就容许过去了。"②

----

①　顾颉刚：《〈福州歌谣甲集〉序》，载《民俗》第 49—50 期。

②　钟敬文：《编辑余谈》，载《民俗》(1928 年)第 23—24 期。

为了重振民俗学研究,钟敬文辞去中山大学教职,来到杭州,与时在杭州的娄子匡、江绍原一起成立了新的中国民俗学会。为重新组织起研究队伍,1929年,钟敬文与钱南扬开始在杭州《民国日报》上编发《民俗周刊》。1931年,与娄子匡合作为《开展月刊》编辑民俗学专号《民俗学集镌》。继而又为《艺风》月刊编辑了几期民俗学专号。以钟敬文为代表的杭州中国民俗学会,在批评北京大学歌谣研究会和中山大学民俗研究会的过程中,要求树立和强化民俗学的学科意识,摆正中国民俗学的学科方向,使中国民俗学"正统化"。《开展月刊》编辑民俗学专号《民俗学集镌》第一辑曾发表了乐嗣炳的《民俗学是什么以及今后研究的方向》,对北京大学歌谣研究会和中山大学民俗学会的宗旨进行了批评和清算,要求遵循民俗学的"正统观念",使"科学的民俗学"健全地发展。他说:

在中国这类事业的萌芽,大都归之于北大《歌谣周刊》的刊行。不幸《歌谣周刊》刊行的动机,是由于少数文学家一时高兴,不单并非接受西洋科学民俗学理论的影响,并且是偏重在文艺方面找材料。直到顾颉刚先生等在周刊上发表了孟姜女研究和妙峰山研究、东岳山研究等等之后,周刊的民俗学色彩逐渐浓厚,不过周刊根本既不是由于民俗学而产生,虽然有胡适之先生劝顾颉刚先生读民俗学西书的一段佳话,而实际上始终没有人提过正确的民俗学理论。《歌谣周刊》改变作《国学门周刊》,那是扩大作民族学的刊物了,范围宽宏,更没有人提到民俗学的理论了。广大《民俗学周刊》出版,开始明显地用"民俗",接着钟敬文先生翻译"The Handbook of Folklore"附录C,杨成志先生翻译附录B陆续出版,才算是科学的民俗学真的萌芽于中国了。然而同时广大还出有一种《民间文艺》,承继《歌谣周刊》,肯定歌谣、故事是属于文艺的,否定歌谣、故事跟民俗学的关系(不然既有《民俗周刊》何必再有这种刊物),暴露了对于民俗学认识的不彻底。就说娄子匡先生等努力在宁波、杭州、南京刊行三种叫做《民俗》的刊物,而投稿的依然偏重在含有文艺性的歌谣、故事或传说,这种现象不能不说是历史的遗毒!

正合着布恩(又译班恩)女士说:"民间传承采集者是不能离开理论而独立研究。……若是在当初就误解了证据的意味(即为什么要采集这些材料),那么所观察的事实的记录,在有更深洞察力的思想家出现以前,无论怎样误解,就得依着所误解的流传下去。"过去的中国民俗学界就为了基本理论有些儿误解,错过了许多采集良好资料的机会,浪费了许多心血作无意的研究。例如依照布恩女士列举的项目已经采集的资料就都残缺不全齐,或是由于"文艺的"这个词儿先入之见,把"非文艺的"资料置之不理,这固然是最大的去点。单拿最有成绩的歌谣来说,一方面上了文艺的当,凡是不能勉强算作"文艺的"歌谣遗漏很多,更重要的一方面几乎又可以说跟民俗学没有发生关系。……引起民俗学者对于歌谣的注意,并非歌谣本质上音乐的价值或文艺的价值,而是人们使用这些歌谣之际所有的风尚或习惯。民俗学者所要的是歌谣的风俗,民俗学者所谓歌谣是指风俗中的歌谣。目前已经公表的歌谣,偶然的几首附带着风俗的记录,未附带风俗说明的很多歌谣,也许它们有其他方面的意味,就纯粹民俗学立场来说,是跟民俗学没有什么直接的关系。

过去已经过去了,为未来计,我们要求科学的民俗学健全地发展,切实地对于人类知识的总量有所贡献,我以为目前至少限度应该决定下面三个方面——第一,传布正确的理论,使采集者得依理论的指导收获切实的资料,研究者得依切实的资料作具体的贡献。第二,为研究民俗学而采集民俗学的资料,别再牵丝攀藤,在"文艺"招牌下要"民俗学的"把戏,在"民俗"招牌下闹"文艺的"玩意儿,两相耽误。第三,各部门研究要平均发展,既然跟民俗学以外的学问分了家,别有过于偏重歌谣、故事或神怪等等,当然不能把非文艺的民俗学资料置之不理。①

经过钟敬文等人的努力,民俗学逐渐成为一门独立的学科而在中国得到健全发展。从此,民俗学对于中国乡土文化的探索,一直活跃于中国

---

① 乐嗣炳:《民俗学是什么以及今后研究的方向》,载《民俗学集镌》第1辑,1931年。

知识界。到 20 世纪末,中国民俗学已经接近世界民俗学水平,进入成熟期。① 经过百年来的曲折发展,中国民俗学派已经形成。②

二、民间文学

如前所述,为找寻中国文化新元素和动力而面向民间发起的"歌谣运动"在开展过程中是存在思想分歧的。分歧主要在于发展的方向上。周作人曾在《歌谣》周刊第 10 号撰文阐述研究歌谣主要有三派:"其一,是民俗学的,认定歌谣是民族心理的表现,含蓄着许多古代制度仪式的遗迹,我们可以从这里边得到考证的材料。其二,是教育的,既然知道歌吟是儿童的一种天然的需要,便顺应这个要求供给他们整理的适用的材料,能够收到更好的效果。其三,是文艺的,'晓得俗歌里有许多可以供我们取法的风格与方法',把那些特别有文学意味的'风诗'选录出来,'供大家的赏玩,供诗人的吟咏取材'。这三派的观点尽管有不同,方法也迥异——前者是全收的,后二者是选择的——但是各有用处,又都凭了清明的理性及深厚的趣味去主持评判,所以一样的可以信赖尊重的。"可到1925 年,由于社会条件的变化和歌谣运动内部各派分歧越来越严重等原因,《歌谣》周刊停刊,歌谣研究会也"树倒猢狲散"。直至 1935 年,北京大学文科研究所决定恢复歌谣研究会。1936 年,胡适出来恢复《歌谣》周刊。所聘人员还是当年那些人,可旗号已不相同。胡适在《〈歌谣周刊〉复刊词》中宣称:

我以为歌谣的收集与保存,最大的目的是要替中国文学扩大范围,增

---

① 钟敬文:《建立中国民俗学派》,哈尔滨:黑龙江教育出版社,1999 年,第 6 页。
② 王宁、董晓萍:《建立中国民俗学派——钟敬文教授〈建立中国民俗学派〉及其学术思想研讨会发言纪要》,载《中国教育报》2002 年 3 月 28 日。

添范本。我当然不看轻歌谣在民俗学和方言研究上的重要,但我总觉得这个文学的用途是最大的,最根本的。诗三百篇的结集,最伟大最永久的影响当然是他们在中国文学上的影响,虽然我们至今还可以用他们作古代社会史料。我们的韵文史上,一切新的花样都是从民间来的。三百篇中的国风二南和小雅中的一部分,是从民间来的歌唱。《楚辞》中的《九歌》也是从民间来的。汉魏六朝的乐府歌辞都是从民间来的。词与曲子也都是从民间来的。这些都是文学史上划分时代的文本。我们今日的新文学,特别是新诗,也需要一些新的范本。中国新诗的范本,有两个来源:一个是外国的文学,一个就是我们自己的民间歌唱。二十年来的新诗运动,似乎是太偏重了前者而太忽略了后者。其实在这个时候,能读外国诗的人实在太少了,翻译外国诗的工作只算得刚刚开始,大部分作新诗的人至多只可说是全凭一点天才,在黑暗中自己摸索一点道路,差不多没有什么伟大的作品可以供他们的参考取法。我们纵观这二十年的新诗,不能不感觉他们在技术上,音节上,甚至于在语言上,都显出很大的缺陷。我们深信,民间歌唱的最优美的作品往往有很灵巧的技术,很美丽的音节,很流利漂亮的语言,可以供今日新诗人的学习师法。①

所以,复刊后的《歌谣》周刊坚定地选择了文学的方向。这标志着歌谣研究文学派与民俗学派的分道扬镳,也为民间文学研究的发展奠定了学理基础。

中国民间文学研究发展的一个里程碑是 20 世纪 30 年代"俗文学"概念的提出。1932 年和 1938 年,自 20 年代初期以来即从事民间文学介绍和研究的郑振铎(1898—1958),继从前出版的《文学大纲》之后,先后出版了《插图本中国文学史》和《中国俗文学史》两部著作,鲜明地提出了"俗文学"的概念,比较全面地阐述了其民间文学—俗义学理论体系。他

---

① 胡适:《〈歌谣周刊〉复刊词》,见苑利主编:《二十世纪中国民俗学经典·学术史卷》,北京:社会科学文献出版社,2002 年,第 302 页。

认为：

> "俗文学"就是通俗的文学，就是民间文学，也就是大众的文学。换一句话，所谓俗文学就是不登大雅之堂，不为学士大夫所重视，而流行于民间，成为大众所嗜好，所喜悦的东西……中国的"俗文学"，包括的范围很广。因为正统的文学的范围太狭小了，于是"俗文学"的地盘便愈显其大。差不多除诗与散文之外，凡重要的文体，像小说、戏曲、变文、弹词之类，都要归到"俗文学"的范围里去……在许多今日被目为正统文学的作品或文体里，其（起）初有许多原是民间的东西，被升格了的，故我们说，中国文学史的中心是"俗文学"，这话是并不过分的。①

郑振铎的俗文学理论观点深深地影响着一大批的学人，如赵景深、戴望舒、谢六逸、许地山、阿英、杨荫深、孙楷第、朱自清、冯远君、王重民、钱南扬、陈志良、傅芸子、傅惜华、杜颖陶、徐嘉瑞、吴晓铃、关德栋、黄芝岗等人，都是其追随者。赵景深对民间文学的阐述就与郑振铎非常接近：

> 民间文艺这一名称，有人以为有"士大夫"与"雅"的自高的含义在内，是不好的。其实"民间"也可以解释做"在人民中间"，并无轻视之意。说实话，知识分子在现在还是一个阶层，到将来社会主义时期，人人都受到平等的教育，都有知识，也就无所谓特殊的"民间文艺"了。最近在报纸杂志上，也常有"民间艺人"这样的名词出现。又有人以为要改称作"民俗文艺"，他解释这"俗"字是指风俗，不是"雅俗"的"俗"。但我以为这名词太生硬，不通用，并且在意义和用途上，民间文艺已经扩大为通俗文艺，注重这形式来改造人民的思想，已经不是民俗学（folklore）所能范围的了。②

---

① 郑振铎：《中国俗文学史》，作家出版社，1953 年，第 1—2 页。
② 赵景深：《民间文艺概论》，北京：北新书局，1950 年，第 1 页。

抗战胜利后,民间文学研究曾一度沉寂。这时,赵景深先后在《神州日报》、《大晚报》、《中央日报》编辑《俗文学》周刊。是谓"沪字号"《俗文学》周刊。"'沪字号'《俗文学》周刊,深受学院派文化影响,整体上呈现出浓厚的学术气息,承载的内容是当时文化精英们提供的学院派研究,也就是说'沪字号'周刊刊载过程是一个促进、推动、拓展中国俗文学研究深入发展的过程。"①

与此同时,戴望舒在香港《星岛日报》、傅芸子和傅惜华在北平《华北日报》分别创办了俗文学刊物——"港字号"《俗文学》周刊和"平字号"《俗文学》周刊。俗文学的学者们以这几家刊物为阵地,大量发表俗文学和民间文学的文章,主要以戏曲、俗曲、变文、宝卷、故事、歌谣和谚语等为所论,纵横于作家文学和民间文学之间,以自己的方式,从不同角度从事民间文学—俗文学的发掘研究,不仅人数众多,且个个成绩卓著,既有共同的学术理念,又各有专攻,一时成中国文坛和学坛空前之盛况。

20世纪40年代的民间文学—俗文学研究,除了在香港、上海、北京显现盛况之外,在解放区也是生机勃勃。解放区的领导核心中国共产党人历来重视民间文学。1942年毛泽东发表《在延安文艺座谈会上的讲话》,从文学如何为"最广大的人民大众"首先是工农兵服务的角度,充分肯定了"群众语言"对于作家文学的重要性:

我们的文艺工作者不熟悉工人,不熟悉农民,不熟悉士兵,也不熟悉他们的干部。什么是不懂?语言不懂,就是说,对于人民群众的丰富的生动的语言,缺乏充分的知识。许多文艺工作者由于自己脱离群众、生活空虚,当然也就不熟悉人民的语言,因此他们的作品不但显得语言无味,而且里面常常夹着一些生造出来的和人民的语言相对立的不三不四的词句。许多同志爱说"大众化",但是什么叫做人众化呢?就是我们的文艺

---

① 关家铮:《四十年代上海〈神州日报〉赵景深主编的〈俗文学〉周刊》,载《山东大学学报》2000年第6期。

工作者的思想感情和工农兵大众的思想感情打成一片。而要打成一片，就应当认真学习群众的语言。如果连群众的语言都有许多不懂，还讲什么文艺创作呢？①

人民生活中本来存在着文学艺术原材料的矿藏，这是自然形态的东西，是粗糙的东西，但也是最生动、最丰富、最基本的东西；在这点上说，它们使一切文学艺术相形见绌，它们是一切文学艺术的取之不尽、用之不竭的唯一的源泉。②

毛泽东的这些论述，为解放区民间文艺工作提供了理论依据和指南，使解放区民间文艺工作更加如火如荼地开展起来。何其芳、吕骥、周文、柯仲平、林山等一批革命文艺工作者为创作出群众喜闻乐见的文艺作品，带头深入边区群众，收集、整理和研讨边区的民歌、故事、传说、曲艺、戏剧等。重视民间文学成为时尚。不仅涌现出许多重新认识和评价人民创作的文章，出版了大批搜集到的民间文学作品和民间文艺作品。而且在民间文学、民间文艺研究的理论探索上，也大大提升。何其芳的《从搜集到写定》、《谈民间文学》、《论民歌》3 篇论文，从理论层面阐述了一系列重要观点，为革命文艺工作者普遍接受为共同的理论原则。周文发表的《谈搜集民间故事》和《再谈搜集民间故事》，对流传于四川的张官甫故事群作了剖析和比较研究。继 1941 年晋察冀边区开展秧歌发展前途、民间文艺的"民族形式"问题大讨论之后，1943 年，延安举行了盛大的秧歌运动，许多学者纷纷在《解放日报》等报刊发表文章，高度评价秧歌的艺术性。从 1946 年开始，各解放区反映农村斗争现实的歌谣、故事等受到重视，被大量收集上来。加上前一阶段的连续积累，故事集、歌谣集出版增加。《陕北民歌选》等书以其科学性的注释和分类，令人耳目一新。同时，不少评析农村传统说唱和戏曲以及研究民间文学艺术的理论文章陆

---

① 《毛泽东选集》第三卷，北京：人民出版社，1991 年，第 850—851 页。
② 《毛泽东选集》第三卷，北京：人民出版社，1991 年，第 860 页。

续发表。如《民间艺术和艺人》、《秧歌论文选集》、《民间音乐论文集》、《中国民间音乐研究提纲》等，显示了解放区民间文学、民间文艺研究所取得的可喜成就。尽管解放区的民间文学研究不可避免地带有时代的局限，但它与民族命运紧密相连，因而生机盎然。

解放区的民间文艺探索在新中国成立后得到了延续和发展。新中国成立后，民间文学事业被纳入政府文化工作的范畴。中国共产党和人民政府对民间文学非常重视。在 1950—1960 年代，由于新中国要实现"民间"与官方一致，跨越"民间"与官方的界限，以具有政治含义的"人民"概念替代"民间"，民间文学领域便从"民间"向"人民"演化。尽管"民间文学"无法涵盖整个中国文学，也无法占据中国文学的"正统"地位。但经过"人民"一词的整合以及"文学为人民服务"的号召，"人民文学"成为文学的主流。此时，"民间文化"的承载者成为"以工农兵为主的人民"。① 民间文学在中国文学民族化、现代化的过程中发挥了重要作用。吕微曾精辟地指出：

"民间"一词因其社会性、现代性以及它的整合民族性取向逐渐成为本土化现代性诸方案中最有力量的话语形式……"下层—民间"理念是中国现代学者从本土小传统中发掘出来并加以阐释、转换的现代话语，从传统文人的"俚俗"，到"五四"学者的"民间"，再到共产主义者的"人民"，正是一个本土的传统话语向着蕴涵民族、民主观念的现代话语的生成过程，在此过程中，"民间"理念曾发挥了重要的传导作用。中国共产主义者在利用民间文学方面曾经相当成功，在用"阶级"、"人民"重新定义"民间"之后，民间文学成为中国现代多元民族共同体——中华民族文化同一性的象征符号，就此而言，现代汉语"人民"是一个具有内在深度的政治—文化民族主义概念，其文化的本质属性得到了各民族民间文学

---

① 陈勤建、毛巧晖：《20 世纪"民间"概念在中国的流变》，见周星主编：《民俗学的历史、理论与方法》（上册），北京：商务印书馆，2006 年，第 61 页。

传统的有力支援。①

1958年形成的"新民歌运动",是中国共产党人取得政权后,倡导和发起的收集、整理和研究民歌,并推进诗歌创作的实践活动。新中国成立后,广大劳动人民翻身做了主人,从现实生活中看到了社会主义的美好前景,感受到中国共产党的英明伟大,精神振奋。"情动于中而形于言。言之不足,故嗟叹之;嗟叹之不足,故咏歌之",于是产生了不少反映时代脉搏的新民歌。毛泽东历来重视民间文学艺术,对新民歌非常关注,1958年3月至5月间,连续四次谈到收集民歌及有关问题,大力倡导收集民歌,提出:中国诗的出路,第一是民歌,第二是古典诗词歌曲,在这个基础上产生出来的新诗,可能更为人民群众所欢迎。毛泽东的一系列讲话,使新民歌一变成为正统,甚至被认定为新诗的未来框架。《红旗》杂志1958年第1期发表了周扬在中共八大二次会议上的发言《新民歌开拓了诗歌的新道路》,高度评价新民歌:"这是一种新的、社会主义的民歌;它开拓了民歌发展的新纪元,同时也开拓了我国诗歌的新道路"。提出:"全面收集民歌及其他民间文学艺术,是一件必须全党、全民动手的工作,同时必须动员和吸引全体文艺工作者来参加这个工作。"1958年4月14日,《人民日报》发表了《大规模地收集全国民歌》的社论,指出:"中国新诗的发展,无疑将受到这些歌谣的影响。因此,为了发展我们的诗歌艺术,大规模地收集全国民歌也是决不可少的一项工作。同时,我们还要注意发掘尚有踪迹可寻的历代口传至今的歌谣宝藏,使他们不致再消失。""这是一个出诗的时代,我们需要用钻探机深入地挖掘诗歌的大地,使民谣、山歌、民间叙事诗等等象原油一样喷射出来。我们既要把它们忠实地记录下来,选择印行,也要加以整理和研究,并且供给诗歌工作者作为充实自己、丰富自己的养料。诗人们只有到群众中去,和群众相结合,拜群众为老师,向群众自己创造的诗歌学习,才能创造出为群众服务的作品

---

① 吕微:《现代性论争中的民间文学》,载《文学评论》2000年第2期。

来。"经领袖和强大的官方舆论倡导,"新民歌运动"蓬勃地开展起来。全国各省、市、自治区,各地、县一级文艺宣传部门,纷纷成立了民歌采录编选机构。1958 年 7 月,中国民间文艺研究会在北京召开民间文学工作者第一次代表大会,制定了"全面搜集、重点整理、大力推广、加强研究"的工作方针,并与中国科学院文学研究所一起,制订了"三选一史"(即各民族各地区都编民歌选、故事选、长诗选,每个民族都写出一部文学史或文学概况)的计划。在短短的时间里,全国各地出版了数以千计、万计的民歌集;少数民族地区大都组织力量对某些民族的民间文学进行了调查采录,有十几个民族初步写出了文学史或文学概况;北京师范大学还组织力量写了一部《中国民间文学史》。

从某种意义上说,新民歌运动是当年"歌谣运动"的理念在特定形势下的一种尝试,甚或是"歌谣运动"在新时期的继续。它对民间文学的发展带来了重大影响。通过这个运动,民间文学获得了普遍的重视,不仅收集编选了大量的民歌集,而且推动了广大人民群众文艺创作的普遍开展。尽管现在看来,运动因时代局限存在形而上学和极左的问题,但也在中国文化史上留下了深深的印记,其经验教训值得我们去思考、总结和借鉴。①

"文化大革命"结束之后,自 20 世纪 70 年代末期以来,民间文学工作进入了一个大发展的时期。从 80 年代开始,文化部、国家民委、中国民间文艺研究会联合发起,在全国范围内组织力量,搜集、编辑出版《中国民间故事集成》、《中国歌谣集成》、《中国谚语集成》,是谓"民间文学三套集成"。这是一项前所未有的宏伟的文化工程。全国各地数百万人参加了这项工作,在大规模普查的基础上,到 2004 年编纂出版了近 100 卷 2 亿多字的民间文学三套集成,科学、全面、代表性地体现了中国各地区、各民族民间故事、歌谣、谚语的优秀作品,具有较高的文学价值和科学

①　张文:《新民歌运动与民间文学》,见苑利主编:《二十世纪中国民俗学经典·学术史卷》,北京:社会科学文献出版社,2002 年,第 151—164 页。

价值。

在广泛搜集资料的基础上,民间文学研究不断深入。随着对外开放的拓展,东西方文化的交流、碰撞和融汇,自 20 世纪 80 年代以来,许多学者作家从发掘文化意义的角度研究民间文学。从人类学等不同学科中借鉴新的理论方法,自觉地从文化的角度审视民间文学,形成了一种文化寻根意识。这种意识强烈地影响到了中国的整个文学创作,因为它以理性精神对中华民族文化的重新审视,启发了后起的作家对文化价值的自觉追求。所以,80 年代后期的"寻根文学",从追求文学的民族性的角度发现民间语言和文化对作家文学的重要作用,体现了寻找文学的民族之根和文化之根的强烈诉求①。

三、新 史 学

所谓新史学,亦称"平民史学",其宗旨和目的是"要打破以圣贤为中心的历史,建设全民众的历史",探寻中华民族的精神实质,为中国社会的改造、变革提供动力源泉。它是在反思和变革传统史学的过程中提出和建立的,因为"质而言之,旧史中无论何体何家总不离贵族性,其读客皆限于少数特别阶级,或官阀阶级,或知识阶级。故其效果亦一如其所期,助成国民性之畸形的发达。此两千年史家所不能逃罪也。此类之史,在前代或为其所甚需要。非此无以保社会之结合均衡,而吾族或早已溃灭。虽然,此种需要在今日早已过去,而保存之则惟增其毒"②。所以早在 19 世纪末 20 世纪初,一些进步人士在面对深重的民族危机而寻找中国进步的道路之时,因不满传统史学不能适应近代社会变革的需要,而提

---

① 黄永贵:《中国民间文化与新时期小说》,北京:人民出版社,2007 年,第 314—318 页。

② 梁启超:《中国历史研究法》,南京:江苏文艺出版社,2008 年,第 34 页。

出了革新旧史学、建立"新史学"的主张。1896 年,梁启超一针见血地批评传统史学"所重在一朝一姓兴亡之所由",是"君史",而不是"民史",难以为新的社会现实服务。① 1897 年,他又在《续译列国岁计政要叙》一文中,进一步区分"君史"、"国史"和"民史",期望以"民史"、"国史"代替"君史",实现传统史学向新史学的转变。1902 年,梁启超明确提出"新史学"的概念,指出:"今日欲提倡民族主义,使我四万万同胞强立于此优胜劣败之世界乎? 则本国史学一科,实为无老、无幼、无男、无女、无智、无愚、无贤、无不孝所皆当从事,视之如渴饮饥食,一刻不容缓者也。然遍览乙库中数十万卷之著录,其资格可养吾所欲,给吾所求者,殆无一焉。呜呼,史界革命不起,则吾国遂不可救。悠悠万事,唯此为大。新史学之著,吾岂好异哉,吾不得已也。"②新史学一经提出就引起人们的广泛关注。一批进步人士凝聚在"史界革命"的旗帜下,进行着反思传统史学、建立新史学的探索。到"五四"时期,新文化运动迅速兴起,对中国社会政治和思想文化产生深刻影响。它高举科学与民主的旗帜,沉重地打击了流传几千年的维护王权统治的传统道德观念,摧毁了古来圣经贤传在人们心目中的权威,推动了新思潮的传播,这就为新史学观念的树立、新史学研究模式的产生提供了更为扎实的思想文化基础。在这强调科学与民主的世界,研究新历史就要清除在此之前养成的"贵族观念、阶级思想之历史",要有平等的精神。于是以帝王将相为中心的旧史学受到进一步的批判,建设"平民史学"的呼声日益高涨,研究"平民历史"成为时尚要求③。

新文化运动学者们发起的"歌谣运动"为新史学的建立重要契机。顾颉刚、杨宽、童业书等发起和参与"歌谣运动"的历史学家,尝试着从戏剧和歌谣中得到研究古史的方法,用民俗学材料去印证古史,解释古代各种史话的意义,形成了一个被称为"古史辨"的学术流派。顾颉刚是古史

---

① 梁启超:《变法通议·论译书》,《饮冰室合集·文集之一》,中华书局影印本。
② 梁启超:《新史学·中国之旧史》,《饮冰室合集·文集之九》,中华书局影印本。
③ 刘俐娜:《由传统走向现代——论中国史学的转型》,北京:社会科学文献出版社,2006 年,第 81 页。

辨派的首要人物,也是为新史学的建立贡献最大的学者之一。他一方面以民间歌谣阐释经典,用民间故事演变的眼光看待古史,把民俗材料和民众文化归入历史的学术研究中,由此来"辩证伪历史";另一方面,又具体地研究民间文化中的神道和社会,"很愿意把各地方的社会的仪式和目的弄明白了,把春秋以来的社祀的历史也弄清楚了,使二者可以衔接起来","看出民众的信仰的旨趣"①。如他对《诗经》的研究,《从诗经中整理出歌谣的意见》②、《论诗经所录全为乐歌》③等,用民间歌谣作比较来认识《诗经》的性质,贯彻了胡适打破《诗经》神圣性的主张④。这种解构经典的研究,与葛兰言的《诗经》研究相似,充分释放了《诗经》的民间活力和诗性特征⑤。对于孟姜女的传说,他"用第一等史学家的眼光和手段来研究这故事"⑥,在系统梳理孟姜女故事"历史的系统"、"地域的系统"的基础上,总结出带有普遍意义的看法⑦,说明"一件故事虽是微小,但一样地随顺了文化中心而迁流,承受了各地的时势和风俗而改变,凭藉了民众的情感和想象而发展"⑧,"现在没有神话意味的古史却是从神话的古史中筛滤出来的"⑨,"所以若把《广列女传》叙述的看作孟姜的真事实,

---

① 顾颉刚:《〈古史辨〉第一册自序》,《顾颉刚古史论文集》第一册,北京:中华书局,1988 年,第 71—72 页。

② 顾颉刚:《古史辨》第三册,北平:朴社出版,1931 年,第 589—592 页。

③ 顾颉刚:《古史辨》第三册,北平:朴社出版,1931 年,第 608—657 页。

④ 胡适曾于《谈谈〈诗经〉》中指出:"从前的人把这部《诗经》看得非常神圣,说它是一部经典。我们现在要打破这一观念。假如这个观念不能打破,《诗经》简直可以不研究了。因为《诗经》并不是一部圣经,确实是一部古代歌谣的总集,可以做社会史的材料,可以做文化的材料。万不能说它是一部神圣的经典。"(参见顾颉刚:《古史辨》第三册,北平:朴社出版,1931 年,第 577 页。)

⑤ 谢中元:《论古史辨派以歌谣释〈诗经〉的动因和诗学意义》,载《海南大学学报》(人文社会科学版)2006 年第 1 期,第 79—85 页。

⑥ 刘复:《〈吴歌甲集〉序》,顾颉刚等辑、王煦华整理《吴歌·吴歌小史》,南京:江苏古籍出版社,1999 年。

⑦ 顾颉刚:《孟姜女故事研究集》,上海:上海古籍出版社,1984 年,第 24—73 页。

⑧ 顾颉刚:《古史辨》第一册,北平:朴社出版,1936 年,"自序"第 68 页。

⑨ 顾颉刚:《古史辨》第一册,北平:朴社出版,1936 年,"自序"第 69 页。

把唱本、小说、戏本……中所说的看作怪诞不经之谈,固然是去伪存真的一团好意,但在实际上却是本末倒置了,我们若能了解这一个意思,就可历历看出传说中的古史的真相,而不至再为学者们编定的古史所迷误"。① 顾颉刚的工作"的确已超出了前人对新史学的论述和宣传,而深入到具体的古史研究之中。与提倡新史学的前辈相比,他更注重从古史资料的考证和辨伪入手来考察古史。而且与比他稍前进行新史学实践的学者相比,他更愿意接受新的思想观念和方法,并大胆地把这些新理论和学说运用到具体研究中。也正是由于他敢于运用新理论和学说,他才能在整理和考辨古书的工作中找到研究古代历史的新思路,对一些古书的真伪提出质疑,认为伪书记载的古史含有许多神话的成分。由辨伪书进而辨伪事,更进到辨伪史"②,他创立了"层累地造成的中国古史"学说③。这一学说构成了新史学思潮的一个高峰,为现代史学研究模式的出现提供了最初的示范,从而为现代史学的形成和发展奠定了基础。从此,史学加入到从平民的文化中找寻动力改造中国文化、改良中国社会的行列中。

新史学的形成标志着旧史学的政治史范式为中国社会史的研究范式所取代。诚如鲁滨孙指出:"政治史是最古的、最明显的和最容易写的一种历史。因为君主的政策、他们所发布的法律和进行的战争,都是最容易叫人记载下来的。国家这样东西,是人类的最伟大的和最重要的社会组织。历史学家一般都认为人们最值得知道的过去事实,都是同国家的历史有着直接或间接的联系。兰克、德罗生、毛兰勃莱克、傅利门等人都把

---

① 顾颉刚:《古史辨》第一册,北平:樸社出版,1936年,"自序"第70页。

② 刘俐娜:《由传统走向现代——论中国史学的转型》,北京:社会科学文献出版社,2006年,第104页。

③ "层累地造成的中国古史"说,是顾颉刚先生于1923年发表的《与钱玄同先生论古史书》首次提出的有关神话传说与古史关系的观点。其根本点是"时代愈后,传说的古史期愈长","时代愈后,传说中的中心人物愈放愈大"(参见顾颉刚:《古史辨》第一册,北平:樸社出版,1936年,第60页)。顾颉刚遵循他所发现的这个规律,一方面根据神话传说的演化去审视和判断史实,另一方面又反过来根据历史演进去分析神话传说。

政治史看成真正的历史。"①中国 20 世纪以前的旧史学显然是传统的精英政治史。而当新史学的先驱们一再强调"史者民之史也,而非君与臣与学人词客所能专也"②,以研究普通民众的生活为主要特征的社会史,便顺理成章地成为新史学的研究范式。③

在 20 世纪上半叶,中国社会史研究主要有两个特征或线索:"社会变迁"与"眼光向下"④。前者集中体现在"社会史大论战"中。由于受当时西方主流理论进化论的影响,新史学希望纵向考察历史上的社会变革以发现其规律,加以当时社会变革形势要求人们对中国社会的现状进行历史的诠释,这就使社会史在很大程度上被理解为社会发展史。当时"社会史大论战"的目的:"在一方固然是在于学术真理的探讨,但更重要的却是为的认识当前的社会,由理解当前社会底必然法则,从而变革社会。"⑤这场论战从中国社会性质的论战开始,是在大革命失败后中国前途堪忧的背景下产生的。论争的参加者因观点不同可分三派:"新生命派"、"动力派"、"新思潮派"。"新生命派"以陶希圣为代表,因以《新生命》杂志为阵地得名。他们认为中国社会是金融商业资本之下的地主阶级支配的社会,而不是封建制度的社会。⑥"动力派"以严灵峰、任曙、刘仁静为代表,因以《动力》杂志为阵地得名。他们认为中国是资本主义关系占领导地位的社会。⑦"新思潮派"以王学文、潘东周等为代表,因以

---

① 鲁滨孙:《新史学》,何炳松译,北京:商务印书馆,1989 年,第 33 页。

② 陈黻宸:《独史》,《新世界学报》1902 年 9 月 16 日,第 2 期,"史学"。

③ 尽管有不少学者把社会史视为历史学的一个分支学科,但笔者更赞同赵世瑜的观点,即社会史不仅仅是历史学的一个分支学科,而是一个史学新范式,一个取代传统史学的政治史范式的新范式。参见赵世瑜:《社会史研究呼唤理论》,载《历史研究》1993 年第 2 期;《再论社会史的概念问题》,载《历史研究》1999 年第 2 期。

④ 赵世瑜:《小历史与大历史:区域社会史的理念、方法与实践》,北京:生活·读书·新知三联书店,2006 年,第 8—15 页。

⑤ 王宜昌:《中国社会史短论》,《读书杂志》第一卷第 4、5 期合刊。

⑥ 陶希圣:《中国社会之史的分析》,新生命书局,1930 年。

⑦ 任曙:《中国经济研究绪论》,高军编《中国社会性质问题论战》(资料选辑),北京:人民出版社,1984 年。

《新思潮》杂志为阵地而得名。他们认为,中国沿海等少数地方资本主义经济比较普遍,而多数地方封建性较强,中国社会是"半殖民地性与半封建性的社会"。① 中国社会性质问题的关键或焦点在于对帝国主义、民族资本主义和封建主义三种社会势力的相互关系的认识。论战如火如荼,前后约百余人在约 50 种期刊上发表了 200 余篇文章,出版了 30 余部著作。它启发了人们对中国社会性质的思考。而这场论战的继续深化则又导致了中国社会史的论战,因为讨论到中国当前的社会,就不能不涉及中国过去的社会。

作为中国社会性质论战的自然延伸的中国社会史论战,主要围绕什么是亚细亚生产方式、中国古代是否有奴隶社会、鸦片战争前中国社会的性质等问题,在以郭沫若为代表的马克思主义史学家和以《读书杂志》为中心的李季、陶希圣、王礼锡、胡秋原等两大阵营间展开。关于第一个问题,郭沫若认为,马克思所谓"亚细亚的",就是指"古代原始公产社会"。所谓"古代的",是指"希腊罗马的奴隶制",所谓"封建的",是指"欧洲中世纪经济上的行帮制"。而李季等人认为,亚细亚生产方式可能是与奴隶制并存的制度,胡秋原等则认为是东方专制主义的农奴制。关于第二个问题,马克思主义史学家都认为中国存在奴隶制,只是在具体分期上有分歧,而陶希圣等人都不赞同有奴隶制存在。至于第三个问题,李季认为,自秦至清鸦片战争前为前资本主义的生产时代,鸦片战争后则为资本主义时代。陶希圣主张有史以来至鸦片战争是封建社会或先资本主义社会。胡秋原则认为,殷以前是原始社会,殷代是氏族社会,春秋战国时代为封建社会,尔后则为先资本主义社会。

以中国社会史论战为代表的对中国社会变迁的研究,体现了新史学强烈的使命感。表面上看,论战的内容似乎是纯理论的问题,但实际上其

---

① 王学文:《中国资本主义在中国经济中的地位、其发展及其前途》、潘东周:《中国国民经济的改造问题》,载高军编《中国社会性质问题论战》(资料选辑),北京:人民出版社,1984 年。

目的是非常明确的,即了解中国究竟是一个什么性质的社会,进而明确变革中国社会的目标、方针和政策,解决中国向何处去的问题。

20 世纪上半叶中国社会史研究的另一个特征或线索"眼光向下"体现在历史学家对民众社会生活的研究上。自 20 世纪以来,关注民间生活的研究大幅度增加。张亮采 1911 年在商务印书馆出版的《中国风俗史》,被认为是中国社会风俗研究方面的最早代表作,随后,瞿宣颖于 1928 年出版了《汉代风俗制度史前编》,杨树达在 1933 年出版《汉代婚丧礼俗考》,尚秉和在 1938 年出版了《历代社会风俗事物考》。在民众衣食住行、婚姻以及妇女生活等方面,陈顾远于 1925 年出版了《中国古代婚姻史》,陈东原于 1928 年出版了《中国妇女生活史》,吕思勉于 1929 年出版了《中国婚姻制度小史》,陶希圣于 1931 年出版了《辩士与游侠》,1934 年出版了《婚姻与家庭》,全汉升于 1934 年出版了《中国行会制度史》。而在民众宗教信仰、精神世界等方面,江绍原于 1928 年出版了《发须爪》,1935 年出版了《中国古代旅行之研究》,许地山于 1931 年出版了《扶箕迷信底研究》。另外,如社会史专题的著作,有萧一山的《近代秘密社会史料》(北平研究院,1935 年)、邓云特的《中国救荒史》(商务印书馆,1937年)等等。凡此种种,不胜枚举。

20 世纪上半叶新史学关注社会变迁和民众社会生活的社会史研究范式,一反过去只关注社会精英和政治人物、事件的做法,突破了以往的王朝更替的话语体系,同时尝试借助社会科学的理论和概念作为解释工具,对中国历史进行阐释,体现出中国史学的革命性转向。

1949 年后,在社会史论战中成长起来的一批马克思主义史学家成为史学界的领袖人物,他们在社会史论战中形成的对社会史的理解,即社会史就是社会发展史、社会形态演进史的认识便成为主导性的观念,因此,社会发展史的著作大量出版,如华岗的《社会发展史纲》(生活·读书·新知三联书店,1950 年)、艾思奇的《历史唯物论社会发展史》(生活·读书·新知三联书店,1951 年)、徐仑的《什么是奴隶制》(华东人民出版社,1953 年)、《什么是封建制》(华东人民出版社,1954 年)等。由于自

50 年代开始,与社会史关系密切的社会学、人类学、民俗学、人文地理学等人文社会科学被取消或简单化、片面化地理解对待,社会史研究的丰富性和多元性受到了一定影响。由于马克思主义理论占据了研究主题和解释工具的支配地位,在把马克思主义理论教条化的岁月,学者们的研究主要集中在了社会性质、社会关系和民众反叛几个方面。50 年代以后历史研究界所关注的汉民族的形成、中国历史分期、封建土地所有制、农民战争和资本主义萌芽等课题,都是上述几个方面的范围。可以说,这一时期的中国史学研究基本上回到了传统政治史的老路上,总的是政治史范式下的社会史研究。① 但新史学的传统的种子依然艰难地生存着,一小部分学者依然保持着对社会生活史的关注。如董家遵于 1950 年出版了《中国收继婚姻之史的研究》,王瑶于 1951 年出版了《中古文人生活》。一些断代史或通史著作,如吕思勉的《隋唐五代史》(1959 年)、邓之诚的《中华两千年史》(上册,1956 年;中册、下册,1958 年)其中都有社会生活史的内容。

进入 20 世纪 80 年代,中国史学在反思 50 年代以来中国史学种种弊端的基础上,实现了 20 世纪上半叶新史学大力倡导的眼光向下、关注普通民众的研究取向的回归。这一所谓的"回归",不是重复,而是继续,是发展,不论是研究的规模、研究领域的拓展,还是研究方法的创新,都达到了新的层次。具体研究成果琳琅满目,研究水准大大提高。如刘志远的《四川汉代画像砖与汉代的社会生活》(文物出版社,1983 年)、常建华的《清人的社会生活》(天津人民出版社,1990 年)、谢维扬的《周代家庭形态》(中国社会科学出版社,1990 年)、陈支平的《近 500 年来福建的宗族社会与文化》(上海生活·读书·新知三联书店,1991 年)、郑振满的《明清福建宗族组织与社会变迁》(湖南教育出版社,1992 年)、乔志强的《中国近代社会史》(人民出版社,1992 年)、马西沙、韩秉方的《中国民间崇

---

① 赵世瑜:《小历史与大历史:区域社会史的理念、方法与实践》,北京:生活·读书·新知三联书店,2006 年,第 15—19 页。

教史》(上海人民出版社,1992 年)、朱英的《传统与近代的二重变奏:晚清苏州商会个案研究》(巴蜀书社,1993 年)、齐涛的《魏晋隋唐乡村社会研究》(山东人民出版社,1995 年)、王日根的《乡土之链:明清会馆与社会变迁》(天津人民出版社,1996 年)、中国社会科学院历史研究所完成的《中国古代社会生活史》10 卷本丛书(中国社会科学出版社)、龚书铎主编的《中国社会通史》8 卷(山西教育出版社,1996 年)、李泉、王云、江心力编著的《中国古代社会史通论》(天津人民出版社,1996 年)、马新的《两汉乡村社会史》(齐鲁出版社,1997 年)、郭松义的《伦理与生活——清代的婚姻关系》(商务印书馆,2000 年)等,都有较高的学术水准,为进一步深化人们对中国社会生活的了解发挥了较大影响。

但是,仅有"眼光向下"是不够的。"眼光向下"固然拓展了史学的领域和视野,但它可能会由于研究者缺乏主体的自觉而使研究成为研究者对被研究者的高高在上的审视,而不是持平等态度的同情和理解,因而,这种研究有可能是猎奇式的。另外,这种眼光也有可能使研究者"只见树木,不见森林",忽视那些影响人们生活的宏大历史叙事。所以,自 20 世纪 90 年代以来,一些学者开始在"眼光向下"的基础上尝试"自下而上"的社会史研究。"'自下而上'的历史(history from below)亦可称之为'草根史学'(grassroots history),但这并不意味着研究停留在对草根社会的关注,而是要从民众的角度和立场来重新审视国家与权力,审视政治、经济和社会体制,审视帝王将相,审视重大的历史事件与现象。如果我们从普通人的角度去观察这样的种种重大事件和制度,我们对问题的看法就有可能深化,甚至可能有很大的不同。"①20 世纪 90 年代以来,中国史学家或通过考察国家行政制度在基层社会的运行来探讨国家权力与乡村社会的互动关系;或从民间信仰和传说的角度探讨国家与社会的关系;或将文献文本与口传文本进行比较,重新阐释民间传说的文化意义;或通过

---

① 赵世瑜:《小历史与大历史:区域社会史的理念、方法与实践》,北京:生活·读书·新知三联书店,2006 年,第 26—27 页。

考察习惯法与国家法的关系、精英文化的地域化探讨国家与社会的关系，取得了丰硕的成果。从单纯的基层社会研究转向以基层研究为切入点关注国家与社会关系的研究，极大地推动了中国历史研究向全面、整体和深入的方向发展，有助于人们对中国社会历史整合过程的认识。

第三章 乡村建设派

吾辈羞视三万万以上的同胞在二十世纪的文明世界而为文盲；吾辈恐惧四万万的大民族，不能生存于智识竞争的世界；吾辈愧为民主共和制度下的人民，不能自立自新而影响及于全世界的祸乱；更羞见有五千余年的历史，自尊为神明贵胄、黄帝子孙，对于二十世纪文化无所贡献。四顾茫茫，终夜徘徊，觉舍抱定"除文盲作新民"的宗旨，从事于平民教育外，无最根本的事业、无最伟大的使命、无最有价值的生活。

——晏阳初①

今日中国问题在其千年相沿袭之社会组织构造既已崩溃，而新者未立；乡村建设运动，实为吾民族社会重建一新组织构造之运动。——这最末一层，乃乡村建设真意义所在。

——梁漱溟②

中华民国根本的要求是要赶快将这一个国家现代化起来。所以我们的要求是要赶快将这一个乡村现代化起来。

——卢作孚③

---

① 晏阳初：《平民教育的宗旨目的和最后使命》，转见于吴相湘：《晏阳初传——为全球乡村改造奋斗六十年》，长沙：岳麓书社，2001 年，第 70 页。
② 《梁漱溟全集》第二卷，济南：山东人民出版社，2005 年，第 161 页。
③ 卢作孚：《四川嘉陵江三峡的乡村运动》，转见于赵晓玲：《卢作孚的梦想与实践》，成都：四川人民出版社，2002 年，第 51 页。

中国乡村建设的源头可追溯到 1904 年米春明、米迪刚父子在河北定县翟城村创办的"村治"。米氏家族是翟城村一个名门望族。受清末推行"新政"运动①的影响，米氏父子放弃科举，在家乡致力于经世之学，积极推行"村治"。他们认为加强乡村机构是全国复兴的基础，因而积极推行以教育为中心、以强化自我管理为特点之"村治"。尽管以近代地方自治的特征来看，米氏父子推行之"村治"实质上仍是国家与社会传统模式的延续，清末的翟城村只是绅士介入社区的传统绅治状态，但此种典型的理想的传统绅治状态具有自我管理的内驱力，为其向近代自治的转变奠定了基础②，因而米氏父子的"村治"运动意义重大，影响深远。诚如我国台湾学者陈淑铢所言：

近代中国农村改进运动的发展，实自翟城村开始，直至抗战前，于村治方面仍不失为领导群伦的模范村之一。

米氏之思想实上承明清以来颜元、李塨实学之绪，下开民国二三十年代乡村建设运动之风气。由翟城村治之例，可了解五四新文化启蒙运动前后，受传统儒家思想熏陶的保守主义文人，如何建设自己乡土，以实践儒家理想，不同于其后的乡村建设，可谓是儒家实学最后的实验室。③

20 世纪 20、30 年代，由于帝国主义的侵略和掠夺及世界经济危机的影响，加上国内军阀混战，自然灾害频繁发生，中国社会矛盾日益尖锐，危机日益加深，尤其是农村，经济处于崩溃边缘，土地荒芜，饿殍遍地，农民流离失所，各种暴动彼伏此起，社会动荡不安。此时，以蒋介石为首的国

---

①　"新政"运动是饱经内忧外患的清王朝为苟延残喘，在清朝末年实行的政治改革运动，其主要内容是兴学堂、奖游学等。由于乡绅的参与，其影响不限于城市，也波及乡村，成为某些乡村社区变革的契机。参见李德芳：《民国乡村自治问题研究》，北京：人民出版社，2001 年，第 18 页。

②　李德芳：《民国乡村自治问题研究》，北京：人民出版社，2001 年，第 39 页。

③　李德芳：《民国乡村自治问题研究》，北京：人民出版社，2001 年，第 7 页。

民党建立了南京国民政府,大力推行代表大地主、大资产阶级利益的独裁统治;中国共产党则在大革命失败后走上了以暴力手段推翻蒋介石独裁统治的革命道路,他们在农村"打土豪,分田地",开展土地革命,建立农村根据地,以农村包围城市;而一般知识分子既不满于蒋介石的独裁统治,又不赞同共产党的暴力革命,他们主张采用非激进的、和平手段进行社会改良,拯救中国社会,于是形形色色的改良思潮纷纷出笼。其中,一些胸怀救国之志、以天下为己任的知识分子受中外"民本思想"影响和外国乡村运动启发①,提出了通过"教育"、"改造"和"建设"振兴农村的乡村建设主张,并身体力行,在农村实验、推广某些改良措施,开展乡村政治、经济、文化及联结三者为一体的社会组织建设。一时间,在"农村经济破产"、"农村崩溃"的呼号声中,"乡村建设"和"农村复兴"的口号铺天盖地,弥漫全国,乡村建设的浪潮汹涌澎湃,据有的学者统计,到1934年,全国各地从事诸种建设活动的公私团体大约有700个②,试验区(点)约1000处③。在这洋洋大观的乡村建设潮流中,参加乡村建设的团体的背景、性质、成分非常复杂,有官办、民办、半官半民办、学校办的,有的甚至是个人办的;有的是政治机关,有的是学术机构,有的是私人团体。经费来源有全靠官方资助的,有部分靠官方资助、部分靠自筹的,有到国外募捐的,有完全靠自己的力量推行的④。在理论主张和实践方式上,有的侧重于义赈救灾,有的侧重于乡村教育或乡村服务,有的侧重于农业改良

---

① 李善峰:《乡村建设运动:一个社会学的考察》,载《社会学研究》1989年第5期,第102—114页;周逸先、宋恩荣:《中国乡村建设运动及其历史启示》,载《河北师范大学学报》(教育科学版)2006年第2期,第18—23页。

② [美]艾凯:《最后的儒家——梁漱溟与中国现代化的两难》,王宗昱、冀建中译,南京:江苏人民出版社,2004年,第164页。

③ 瞿韶华:《中华民国史事纪要初稿》(1942年10—12月份),台北:中央文物供应社,1993年,第19页;周逸先、宋恩荣:《中国乡村建设运动及其历史启示》,载《河北师范大学学报》(教育科学版)2006年第2期,第18页。

④ 刘重来:《民国时期乡村建设运动述略》,载《重庆社会科学》2006年第5期,第75—76页。

或技术推广,有的侧重于乡村自治或乡村自卫①。因而造成乡村建设派异彩纷呈②。但其中最为著名者,当推河北定县的平民教育实验区、山东邹平的乡村建设实验区、重庆北碚乡村建设实验区,他们的乡村建设实验形成全国乡建运动的三大模式③。

一、定县平民教育模式

定县平民教育实验是由著名社会活动家晏阳初先生直接领导的乡村建设运动。晏阳初,1893 年出生于四川省巴中县一个书香家庭,曾留学于英、美、法等国。求学海外期间,他深切地感悟到,"中国如不能消除极大多数的文盲国民,即不能进入民主时代——今日国内文学革命,提倡白话文,实已为消除文盲工作跃进一大步。今后所应努力的一在教育工具,即根据在法国编行的华工识字课本,再用科学方法重加选订,更求适用。其次教育活动,尤需要大量志愿人员共同努力",决心"有生之年献身为最贫苦的文盲同胞服务,不为文人学士效力"④,因而回国后极力提倡和推行平民教育。1923 年,他担任了在北平成立的中华平民教育促进会总会总干事后,更是积极奔走于大江南北,为宣传推广平民教育不遗余力。尽管晏阳初回国后开展平民教育是先从城市着手的,因为他认为国内各地乡农都习惯于以城市为时尚,要想说服乡民读书识字,必须首先在城市展开并获得成果,影响乡农的视听观感,再者乡村经济和学校教育落后,乡村平民教育非依赖城市人力财力支持无法开展,但他也深知,"中国是

---

① 朱汉国:《梁漱溟乡村建设研究》,太原:山西教育出版社,1996 年,第 15 页。

② 曹天忠:《乡村建设派分概念形成史考溯》,载《广东社会科学》2006 年第 3 期,第 134—139 页。

③ 张秉福:《民国时期三大乡村建设模式:比较与借鉴》,载《新疆社会科学》2006 年第 2 期,第 97—103 页。

④ 吴相湘:《晏阳初传——为全球乡村改造奋斗六十年》,长沙:岳麓书社,2001 年,第 29 页。

以农立国,中国大多数的人民是农民,农村是中国 85% 以上人民的着落地[1],在中国,"最缺乏教育的是这三万万以上的农民"[2],到乡村中去,为农民办教育,是关系到"本固邦宁"的根本问题。因而"平教总会"下设立有专门的乡村教育部,将乡村平民教育作为"平教总会"工作的主要内容。"平教总会"成立之初,即开始农民文字教育研究。在工作的过程中,晏阳初和他的同事们逐步认识到,"在农村办教育.固然是重要的,可是破产的农村,非同时谋整个的建设不可。不谋建设的教育,是会落空的,是无补于目前中国农村社会的"[3]。因而决定以文字教育为基础,以农村改造为目标,将农民教育与农村改造联结进行。而要使所推行的教育简单明了,容易普及,能用现代办法解除人民疾苦,必须进行实地研究和实验,取得经验后,形成制度办法,才能在全国推广。经过选择,1926年,晏阳初和总会同事决定把河北定县作为实验研究的中心。

社会调查是研究实验的指南。为使定县平民教育运动有计划有步骤地顺利进行,取得预期效果,"平教总会"在定县首先开展社会调查。1928 年 6 月,"平教总会"设立统计调查处,聘请具有较高学术水准,孜孜致力于实地调查且已取得丰富经验的李景汉负责主持,在定县进行全县实况调查。经过几年努力,写成了久负盛名的《定县社会概况调查》。

晏阳初及其同事经过社会调查诊断出,中国社会特别是农民最基本的四大病症——"愚、穷、弱、私"。所谓愚,我们知道中国最大多数的人民,不但缺乏知识,简直目不识丁。所谓穷,我们知道中国大多数人民的生活简直是在生与死的夹缝里挣扎着,并谈不到什么叫生活程度、生活水平线。所谓弱,我们知道中国大多数人民是毋庸讳辩的病夫,人民生命的存亡,简直付之天命。所谓科学治疗、公共卫生,根本谈不到。所谓私,我们知道中国最大多数人民是不能团结的,不能合作,缺乏道德陶冶以及公

---

① 《晏阳初文集》,北京:教育科学出版社,1989 年,第 53 页。

② 《晏阳初全集》,长沙:湖南教育出版社,1989 年,第 353 页。

③ 《晏阳初全集》,长沙:湖南教育出版社,1989 年,第 246 页。

民的训练①。这些病症互为因果,造成了中国农村社会"愈愚愈穷,愈弱愈私"的恶性循环,而其根源在于教育不能普及,特别是广大农民没有受教育的机会。要消除中国社会这四大病症,根本之法在于教育,特别要对农民进行教育。

因此,晏阳初及其同事有针对性地提出了以"除文盲,作新民"为目标,以文艺、生计、卫生、公民四种教育为内容,以学校、家庭和社会三大教育为形式的平民教育的方案构想,即用学校式、家庭式和社会式教育三种教育方式,立体地、连锁地开展文艺教育治农民之"愚",开展生计教育治农民之"穷",开展卫生教育治农民之"弱",开展公民教育治农民之"私",以培养具有知识力、生产力、强健力和团结力的"新民"。以此构想为指南,他们制定了定县平民教育运动的 10 年计划,并持续开展了近 10 年的实践,直至 1937 年由于全面抗战爆发被迫中止。"中华平民教育促进会在定县实验区的工作,是以整个农村生活为对象的。它把文艺、卫生、公民和生计四种教育联锁扣合起来,成为了整个的农村改造工作。"②

为了便于实验工作的开展,"平教总会"将占定县全县面积 1/8 的 60 个村设立为研究区,并分为 6 个视导区,另将研究区内的高头村划为研究村,一切工作都从研究村做起。在研究区以外,又选定 3 个实施中心村,依村、区、县范围逐步研究实施。

"学校式教育"分为基本教育与乡村改造教育两个阶段,通过开设初级与高级平民学校及巡回生计训练学校实施。初级和高级平民学校虽有高低之分,但不是一般升学的概念。高级平民学校向毕业于初级平民学校的部分青年农民传授更具体的关于四大教育的知识能力,教学讲究实际效用,目的是使农民更好地在乡村参与农村改造。巡回生计训练学校

---

① 周逸先:《晏阳初平民教育与乡村改造方法论初探》,载《高等师范教育研究》2002 年第 3 期,第 78 页。

② 吴相湘:《晏阳初传——为全球乡村改造奋斗六十年》,长沙:岳麓书社,2001 年,第 143 页。

的着眼点是要传授适应农村当前需要的技能。其特点是以生活秩序为教育秩序,依一年之时序,在研究区内分区轮流巡回培训,传授切实的技术,凡平民学校毕业生或有同等学历的乡民均可加入。培训时间以一年为周期:第一期在春季 3、4 两月,为植物生产训练;第二期在夏季 8、9 两月,为动物生产训练;第三期在冬季 11、12、1、2 月,为农村工艺及合作训练。训练之后,即分别规定实施设计,由原训练者负责检查视导。实施成绩较佳者,就成为对其他农民的表证农家。

"家庭式教育"的试验通过将全村家庭联合起来组织"家庭会"来实施。各家庭成员依年龄与责任分别有五种集会:家主会、主妇会、少年会、闺女会、幼童会。各会依各成员的年龄与地位因材施教,按家庭需要,推行文艺、生计、卫生、公民四方面教育。目的是要使农民从家庭会中得到共同生活的练习,将各个独立的自私自利的家庭生活,改变为各家庭联合互助的社会生活,把各家庭的血缘亲情,扩大为国家的生命爱,造成家庭教育化,家庭社会化。

"社会式教育"的对象是有组织的农民,以团体——"平校同学会"为教育的对象。平校同学会中的各同学原已有相当的友谊与合作的训练,再由近及远,由亲及疏,由一村而联村进至乡联合会。1932 年度,"平教总会"共组织起比较健全的男女同学会 72 个,乡联合会 4 个。社会式教育即以这些团体为组织开展,以培养农民的团体观念和精神。各村同学会通过开展以下活动推行四大教育:(1)文艺教育:读书会、演说比赛、习字比赛、家庭教学、灯笼识字、新剧;(2)公民教育:息讼会、禁赌会、扫雪运动、修路、修桥、自卫、抗日运动、植树;(3)卫生教育:保健员训练、种牛痘、防疫注射、拒毒运动、武术、越野赛跑;(4)生计教育:合作社、推广波支猪、推广良种、生计巡回学校、农产展览会、自助社。平校同学会还发行《农民周刊》,以增进农民知识,表达农民心声,联络同学感情。

定县平民教育实验规模宏大,组织严密,据统计,每年约有 120 多人从全国各地奔赴定县实验区。其中,曾在国外留学、学有专长的专家和国内大学毕业生占50%,七年内参加过实验区工作的有400人左右①。在大批有志之士的共同努力下,成绩不凡。到1934年,"平教总会"就在定县的476个村庄里开办了3844个识字班,平民学校毕业人数总计在10万人以上,扫除文盲成绩居全国1900多个县之冠;农业科技改良使实验区农产品获得了较大的增产;全县初步建立了村区县三级卫生保健系统,天花已经绝迹。②

定县平民教育实验率先将平民教育运动扩展为乡村改造运动,它倡导通过民众教育的扩展、农业科技的引进和应用、传统经验的改造、先进组织的建立和有效运作,实现农民素质的提高、生产力的发展等社会各个层面的改进,促进农村以至国家的现代化。这一模式以农民、农业为服务中心,着力解决农民的现实问题,是一种立足于农业发展的内涵式乡村改造模式③。

这一乡村改造模式当时在国内外产生了强烈反响。其中有人大加赞赏。如北京大学教授周作人参观了定县后感慨道:

> 这回我看了之后,对于平教会很有一种敬意,觉得它有一绝大特色。以我所知,在任何别的机关都难发现的。这便是它认识的清楚。平教会认清它的对象是什么,这似乎极平常极容易,可是不然。平教会认清它的工作对象是农民,不是哪一方面的空想中的愚鲁或是英勇的人物,乃是眼前生活着行动着的农村的住民。他们想要,也是目下迫切的需要的是什么东西;目下不必要,也是他们所并不想要的又是什么东西。平教会的特色,亦是普天下所不能及的了不得处,即是知道清楚这些事情而动手去做。④

---

① 《晏阳初文集》,北京:教育科学出版社,1989年,第393页。

② 宋恩荣、熊贤君:《晏阳初教育思想研究》,沈阳:辽宁教育出版社,1994年,第374页。

③ 王金霞、赵丹心:《定县模式——北碚模式:两种不同乡村建设模式的取舍》,载《河北师范大学学报》(哲学社会科学版)2005年第3期,第10页。

④ 周作人:《保定定县之游》,载《国闻周报》第12卷第1期。天津,1935年1月1日。

任鸿隽在《定县平教事业平议》一文说:

我们以为平教会的主张最为正确。它的贡献也值得称赞。因为它的主张是要深入乡间去发现他们的问题。而它的贡献,是在这些问题中间找出解决的方法来。不管它的成绩怎样、它的效果怎样,我们以为它的方向是不错的。①

蒋廷黻撰《平教会的实在贡献》指陈:

科学——自然科学及社会科学——好比一个泉源。平教会开了沟渠、接上管子,把泉源的水引到民间去了。换句话说:平教会的试验找到了改造中国农村的技艺和方案。这个技术的中心是各村同学会。实际在各村办教育、合作、卫生等事业的是同学会的会员,平教会不过站在旁边作指导。这些同学会的知识资本就是千字课。②

美国哥伦比亚大学教授萨威尔博士(Dr. James T. Shotwell)1929 年秋参观了定县后,印象深刻。在 1930 年 1 月 12 日的《纽约先驱论坛报》发表了《教育中国群众》一文,赞扬定县的实验工作与中国许多革新运动不同,定县的实验不仅注意农产的增加,尤其重视教育农民培养责任心,这是从日常生活琐事上保证真正民主政治的一项努力。一旦实验成功,定县农民就可练习着自己解决自己的问题。随着中国各地仿效定县经验,这一注重培养人民自己负责的基本观念,自将成为全国人民生活的永久基础,不再倚靠少数教育改革家的热心。

美国基督教品鉴委员会(the Commission of Appraisal)主席霍克

---

① 任鸿隽(叔永):《定县平教事业平议》,载《独立评论》第 73 号,1933 年 10 月 22 日,北平刊。

② 吴相湘:《晏阳初传——为全球乡村改造奋斗六十年》,长沙:岳麓书社,2001 年,第 259—260 页。

（William E. Hocking）在 1932 年发表的《传教会的再思考：一个俗人百年后的探索》中说，在平教会平民学校使他们感觉到，人们的奉献和牺牲精神与爱国情怀相结合，正使青年们迅速觉悟；事实表明，这是东方前所未见的光明正大和充满智慧的计划，它将充实中国的精神与德性。

美国驻华使馆商务参赞安诺德（Julean Arnold）1932 年夏天参观了定县后向国内写了一篇报告认为，这是文明古国四万万人正在发展的一项最重要，而且非常具有推动力的运动。

美国著名记者斯诺（Edgar Snow）在 1933 年 12 月 17 日的《纽约先驱论坛报》发表《中国群众的觉醒》一文称：

> 我在定县发现很具戏剧性并且证明是最重要的生活改造工作。这是除苏俄以外，其他任何地方所未见过的——定县人民从外表上看没有什么和中国其他各地村民不相同，但形成他们许多不同的地方在他们的心理以及其整个生活的前途。这些都不是从外国工厂输入的。……晏阳初使我大感惊讶的是：富于机智与多才多艺，因而定型是一人群的伟大领袖。他在祈祷以后表现的热诚与坚定信仰，以至有些时候，他很像一革命的十字军人，胜过是一进化的教育家，不必夸大说：晏领导的行动一旦成为革命的强大命运，势必超过中国军人多年来打来打去的放荡行动。

美国著名教育家孟禄博士（Dr. Paul Monroe）1937 年在北平师范大学发表演讲讨论定县教育的观感时认为，定县四大教育均衡发展价值重大。定县合作社推广资本借贷、消费品购买、产品运销等，显见比以前灵活，金融情况也随着景气；三百余保健员散布各村进行卫生教育和实施工作，也是世界各国成人教育的一种工作；识字教育使农民能看书报，获得吸收现代义化的工具，这项工作，定县也很成功。①

---

① 吴相湘：《晏阳初传——为全球乡村改造奋斗六十年》，长沙：岳麓书社，2001 年，第 259—250 页。

当然,批评的意见也不少。1932年12月,由德、法、英、波兰四国教授组成的国联教育考察团撰写的报告《中国教育之改造》在南京发表。该报告认为,定县实验经费浩大,即便实验成功,亦无法普及全国;中心组织未加改良,地方工作无从举行,要举行像定县的教育试验,必先切实改良中国全部经济制度。① 1933年10月2日《世界日报》发表了国民党中央委员张继的谈话,批评定县的实验耗资巨大,代价昂贵,且需时太久,指出:"乡村事业,欧美已行之有素,可资借镜,不必闭门造车,独出心裁。大可取人之长,补己之短,放大眼光去做。"② 而吴半农、千家驹等"中国农村派"学者则认为,平教会只是把中国社会四个轻重各异的病态现象相提并论地拿了出来,作为他们实验工作的理论基础和出发点,不敢正视和理会中国农村急剧贫困化的根本原因。他们要从撇开中国根本问题,谋求解决中国根本问题的道路,肯定是要碰壁的。③

但是,定县实验工作所引发的不仅仅是热烈的讨论,它还带动了一系列的实践探索。受定县实验的影响,全国各处的农村改造实验勃然兴起。在1921—1925年间,平民教育风靡全国。1926年后,平民教育由教育部命令而成为民众教育运动。"平教总会"所倡导的识字运动、民众读物、短篇戏剧、农村建设、人才训练等工作,各地教育机构纷纷仿效推行。1928年5月,第二次全国教育会议通过议案,按"平教总会"订定的平民教育内容和步骤推行于全国。1931年春,蒋介石邀请晏阳初南下,讲述定县工作情况,中央军校教官毛应章等奉命到定县参观,并汇报相关情况。蒋介石原拟选择南京附近农村,按定县模式进行试验,以备将来推广

---

① 国联教育考察团:《中国教育之改造》,国立编译馆译,南京,1932年12月,第214—217页。

② 吴相湘:《晏阳初传——为全球乡村改造奋斗六十年》,长沙:岳麓书社,2001年,第259—256页。

③ 吴半农:《论"定县主义"》,见陈翰笙、薛暮桥、冯和法编:《解放前的中国农村》第一辑,北京:中国展望出版社,1985年,第535—538页;千家驹:《中国农村的出路在哪里》,见陈翰笙、薛暮桥、冯和法编:《解放前的中国农村》第二辑,北京:中国展望出版社,1987年,第421—422页。

全国,只因日本入侵东北和上海,不得不暂缓。1931 年夏,毛应章奉命再将考察定县工作的报告摘要呈阅,并建议在南京近邑择县设立试验区,取得经验后向其他各省县推广,先在河南、湖北、安徽、江西四省提前试办。随后,晏阳初等应蒋介石约邀赴武昌,商谈设立"农村合作指导员训练所"及任课事宜。1932 年夏天,"平教总会"同仁又南下协助成立"豫鄂皖赣四省政治社会研究院"工作。1932 年 12 月,在南京举行的第二次内政会议通过了各省设立政治社会革新研究院及实验县的计划和议案,其主要精神乃来自定县实验。1933 年,各省设立实验县的工作经国民政府核准正式启动。实验县的工作经验是六年后国民政府实行新县制的先导。

定县的实验不仅引起国内的重视,也得到了国际的支持。1934 年 12 月,罗克斐勒基金会董事会根据品评委员会的审查,正式通过了科恩先生(Mr. Gunn)在多次考察定县实验工作基础上提出的"华北农村建设计划",为之提供资金援助。1936 年 4 月,"华北农村改造协进会"在北平成立,晏阳初被推为执行委员会主席。该会由六个合作机构组成,各机构分工各有侧重:"平教总会"负责"连环的农村改造工作"和"平民文学";清华大学负责"工程";南开大学负责"经济"和地方行政;协和医学院负责社会卫生;金陵大学负责农业。各机构共同进行农村改造工作,训练人才、学科理论与实地工作并重。1936—1937 年,研究训练工作分在河北定县和山东济宁举行。教育、社会卫生及农业组的一部分以定县为研究训练基地,经济、工程、社会行政、民政以济宁为研究训练基地。于此二地训练后,可派往各地参观实习。学生有本科生和研究生之分,研究生应先在各合作大学或机构注册缴纳学费,成绩优良者可申请奖学金。第一年共有 289 人获得奖学金,其中社会卫生类 106 人,农业类 54 人,护理类 32 人,农村教育类 23 人,农村经济和社会行政类 21 人。尽管这一合作研究计划进行不到两年就因中国全面抗战爆发而终止,但它给我们留下的精神遗产值得后人认真研究。

二、邹平文化复兴模式

　　山东邹平的乡村建设实验是由我国著名思想家、教育家和社会活动家梁漱溟先生领导的乡村建设运动。被美国学者艾凯称为"最后的儒家"的梁漱溟①，立志要做"一个有思想，又且本着他的思想而行动的人"②，他一生念念不忘的奋斗目标是要解决两个问题：一是人生问题，即人活着是为了什么；二是社会问题，亦即是中国问题，中国向何处去。③为此，他一方面从比较研究东西方文化着手，致力于中国文化的改造与重建及中国现代化道路的理论探索；另一方面，他以一个传统儒者应有的学以致用、知行统一的品格和抱负，深入乡村，走向社会，将自己对人生和社会的认识运用到社会改造当中。因而，他所主持的乡村建设运动作为其社会改造实践的一部分，以其文化理论为基础。

　　梁漱溟的文化理论一脉相承地体现在其《东西文化及其哲学》（作于1920—1921年）、《中国民族自救运动之最后觉悟》（作于1929—1931年）、《乡村建设理论》（作于1932—1936年）和《中国文化要义》（作于1941—1949年）等著作中。他认为，西方、中国、印度三种文化分别代表了人类文化三种路向：代表第一路向的西方文化"以意欲向前要求为其根本精神"；代表第二路向的中国文化"以意欲自为调和持中为其根本精神"；代表第三路向的印度文化"以意欲反身向后要求为其根本精神"。由于路向不同，不能说此文化比彼文化先进或落后，西方文化中的科学、民主和工业化在中国文化中并非必然。

---

　　① ［美］艾凯：《最后的儒家——梁漱溟与中国现代化的两难》，王宗昱、冀建中译，南京：江苏人民出版社，2004年。
　　② 梁漱溟：《中国文化要义》，上海：上海世纪出版集团，2005年，第4页。
　　③ 汪东林：《梁漱溟问答录》，长沙：湖南出版社，1992年，第15页。

我可以断言假使西方文化不同我们接触,中国是完全闭关与外间不通风的,就是再走三百年、五百年、一千年也断不会有这些轮船、火车、飞行艇、科学方法和"德谟克拉西"精神产生出来。这句话就是说:中国人不是同西方人走一条路线。因为走的慢,比人家慢了几十里路。若是同一路线而少走些路,那么,慢慢的走终究有一天赶的上;若是各自走到别的路线上去,别一方向上去,那么,无论走好久,也不会走到西方人所达到的地点上去的。①

中国非是迟慢落后。——流俗有见于中国不及西洋之处颇多(例如西洋已经过产业革命,而中国还没有),便以为西洋进步快,捷足先登,中国进步慢,遂致落伍。其实错了。要知走路慢者,慢慢走,终有一天可以到达那地点;若走向另一路去,则那地点永不能到达。中国正是后一例。……中国不是尚未进于科学,而是已不能进于科学;中国不是尚未进于资本主义,而是已不能进于资本主义;中国不是尚未进于德谟克拉西,而是已不能进于德谟克拉西。②

在梁漱溟看来,不同路向的中国文化和西方文化既是不同的文化类型,又代表不同的文化发展阶段。因为人类文化的发展过程应该经历三个不同阶段,在这三个阶段中,人类需要解决三个不同问题:一是生存即人与自然问题;二是人与人之间的关系即人与社会的问题;三是人类自身的烦恼即人与自己的问题。人类文化的发展阶段是不能超越的。只有经过第一阶段的充分发展,解决了人与自然的问题,即人们的物质需求基本得到满足之后,人类社会弊病随之产生,人类必须采取"意欲自为、调和、持中为根本精神"的人生态度克服人与人之间的突出问题,人类文化才有可能进入第二阶段。同样,只有经过第二阶段的充分发展,人类文化才会进入第三阶段。近代以降,中国与西方的冲突归根到底"是整个文化

---

① 梁漱溟:《东西文化及其哲学》,上海:上海世纪出版集团,2006 年,第 67 页。
② 梁漱溟:《中国文化要义》,上海:上海世纪出版集团,2005 年,第 41 页。

不相同的问题"①。中华民族的危机本质上是中国文化的危机,是由于中国

"极严重的文化失调"②造成的。中国文化之所以"失调","就在步骤凌乱,成熟太早,不合时宜"③,即"是因其过而后不及的"④。换句话说,是因为中国文化没有经历过第一阶段的充分发展便进入了第二阶段。

我们不待抵抗得天行,就不去走征服自然的路,所以至今还每要见厄于自然。我们不待有我就去讲无我,不待个性伸展就去讲屈己让人,所以至今未曾得从种种威权底下解放出来。我们不待理智条达,就去崇尚那非论理的精神,就专好用直觉,所以至今思想也不清明,学术也都无眉目。⑤

那么,该如何解决中国文化的危机呢? 在这一点上,梁漱溟的立场与顽固坚持中国传统文化而排斥外来文化的守旧派,及主张自觉放弃本民族文化传统全面彻底地接受西方文化的"全盘西化"派,均不相同,可姑称为"文化复兴"派。他认为,中国文化同西方文化是两种性质根本不同的文化,尽管中国文化由于早熟而"失调",要解决中国文化的危机,必须有所改变,但是,"中国文化有些不及西洋处,亦有些高于西洋处。正因它有所超过,而后乃有所不及的"⑥,所以不可能也不应该"全盘西化"。因为,处于第二阶段的中国文化,有可能将西方文化包容在自己的体系内。"为现在全世界向导的西方文化已经有表著的变迁"⑦,不论是事实

---

① 梁漱溟:《东西文化及其哲学》,上海:上海世纪出版集团,2006 年,第 14 页。
② 梁漱溟:《乡村建设理论》,上海:上海世纪出版集团,2006 年,第 22 页。
③ 梁漱溟:《东西文化及其哲学》,上海:上海世纪出版集团,2006 年,第 190 页。
④ 梁漱溟:《中国文化要义》,上海:上海世纪出版集团,2005 年,第 41 页。
⑤ 梁漱溟:《东西文化及其哲学》,上海:上海世纪出版集团,2006 年,第 190 页。
⑥ 梁漱溟:《中国文化要义》,上海:上海世纪出版集团,2005 年,第 42 页。
⑦ 梁漱溟:《东西文化及其哲学》,上海:上海世纪出版集团,2006 年,第 153 页。

变迁,还是见解变迁中国文化都要"革去从来所走第一路向而去走第二路向"①。试为推测世界未来文化,"质而言之,世界未来文化就是中国文化的复兴,有似希腊文化在近世的复兴那样"②。因此,对于中国文化的态度是要集中西文化之长,以整合中国传统文化,实现中国文化的复兴。

中国文化将要有一个大的转变,将要转变出一个新的文化来。"转变"二字最切当,这便是我们创造新文化的办法。我们就是要从旧文化里转变出一个新文化来。"转变"二字,便说明了将来的新文化:一面表示新的东西;一面又表示是从旧的东西转变出来的。换句话说,他既不是原来的旧东西,也不是纯粹另外一个新东西,他是从旧东西转变出来的一个新东西。用比喻来说:中国好比一棵大树,近几十年来外面有许多力量来摧毁他,因而这棵大树便渐就焦枯了。先是从叶梢上慢慢地焦枯下来,而枝条,而主干,终而至于树根;现在这树根也将要朽烂了! 此刻还是将朽烂而未朽烂,若真的连树根也朽烂了,那就糟了! 就完了! 就不能发芽生长了! 所以现在趁这老根还没有完全朽烂的时候,必须赶快想法子从根上救活他;树根活了,然后再从根上生出新芽来,慢慢地再加以培养扶植,才能再长成一棵大树。③

"因为要转变出一个新文化来,所以才有乡村建设运动。"④开展乡村建设运动是梁漱溟实现民族文化的复兴的手段。因为在他看来,乡村是中国文化的根系所在,"原来中国社会是以乡村为基础,并以乡村为主体的。所有文化,多半是从乡村而来,又为乡村而设——法制、礼俗、工商业等莫不如是。在近百年中,帝国主义的侵略,固然直接间接都在破坏乡村,即中国人所作所为,一切维新革命民族自救,也无非是破坏乡村。所

---

① 梁漱溟:《东西文化及其哲学》,上海:上海世纪出版集团,2006 年,第 162 页。
② 梁漱溟:《东西文化及其哲学》,上海:上海世纪出版集团,2006 年,第 187 页。
③ 《梁漱溟全集》第一卷,济南:山东人民出版社,2005 年,第 612 页。
④ 《梁漱溟全集》第一卷,济南:山东人民出版社,2005 年,第 610 页。

以中国近百年史,也可以说是一部乡村破坏史"①。历史说明,走乡村建设之路是中国建设的必然选择。"所谓中国建设(或云中国经济建设)必走乡村建设之路者,就是说必走振兴农业以引发工业的路。换言之,必从复兴农村入手,以达于新社会建设的成功"②,因为中国发展工业受"不平等条约之束缚既扼吭窒息不得动,一也;苦不得资本以为凭借,二也;环我者皆为工业国,各席其数世或数十年之余荫,更无余地以容我发展,三也;而吾固农国,取径于大不便于农之资本主义,是自绝生路,四也"③。所以,他"认定只有重建乡村社会,中国文化才有守身之处,进而可以萌芽生长,从乡村而城市,形成一个大的社会网络,使中国文化发扬光大,从而克服文化失调危机,一切社会的、经济的、政治的问题皆可迎刃而解。这样,被颠覆的历史将被再次颠覆过来,不再是城市同化乡村,工业引发农业,而是乡村同化城市,农业引发工业,形成一条超越西洋发展模式的民族复兴之路"④。

梁漱溟所设想的乡村建设模式最根本的是从根本上调和沟通中国固有精神与西方文化的长处,重建以伦理为本位的乡村组织。因为据他的分析,"中国旧日之社会构造,与西洋中古及近代社会皆不同。假如我们说西洋近代社会为个人本位的社会、阶级对立的社会;那末,中国旧社会可说为伦理本位、职业分立"⑤。近代以来,"伦理本位、职业分立"的中国社会面对西方社会一溃千里,"若特指其失败之处,那要不外两点:一是缺乏科学技术;二是缺乏团体组织;更无其他。而近代西洋正是以科学技术和团体组织这两点见长,也更无其他"⑥。所以,他乡村建设的着力

---

① 梁漱溟:《乡村建设理论》,上海:上海世纪出版集团,2006 年,第 10—11 页。
② 梁漱溟:《乡村建设理论》,上海:上海世纪出版集团,2006 年,第 16 页。
③ 梁漱溟:《河南村治学院旨趣书》,见许纪霖编选《内圣外王之境——梁漱溟集》,上海:上海文艺出版社,1998 年,第 151 页。
④ 许纪霖编选:《内圣外王之境——梁漱溟集》,上海:上海文艺出版社,1998 年,"前言"第 10—11 页。
⑤ 梁漱溟:《乡村建设理论》,上海:上海世纪出版集团,2006 年,第 24 页。
⑥ 梁漱溟:《乡村建设理论》,上海:上海世纪出版集团,2006 年,第 46 页。

点在于以中国"伦理社会"和儒家的"人生态度"为本位,吸收西方文化中"科学技术"和"团体组织"的优点,重建乡村组织。他说:

　　进行乡村建设工作,我头脑中所设想的有两个要点,因为从我的眼光看,中国有两大缺欠。中国农民的散漫几乎到了自生自灭的程度。农民不关心国家,国家也不管农民。农民散漫,缺乏团体组织,这是一个缺陷。中国社会所缺乏的另一面是科学技术。我所想的宪政的新中国,必须从地方自治入手,而地方自治又必须从团体自治入手,将农民组织起来,才能实现。我梦想的团体自治是合作社;这种合作社主要是生产合作,也包括消费合作、信用合作。西洋进步从都市入手,是向外侵略发展贸易,而牺牲农村发展起来的。我们不能走这个路子。总之,中国缺乏"团体组织"和"科学技术"八个字。将这两方面补进来,中国即发达进步,成为很好的国家。这个好,要胜过西洋,因为其富强是建立在广大农村之上的。我心目中的做法是将团体组织和科学技术引进于乡村;团体组织引进一分,即可引进一分科学技术,同样科学技术引进一分,又可推动团体组织一分。①

　　梁漱溟主张通过加强乡村教育,在中国"伦理社会"的基础上,将原本所缺乏的"团体组织"和"科学技术"建立和培养起来。

　　中国目前要想地方自治成功,必须经济合作;但无论是经济合作,或地方自治,都必须经过教育的工夫才会有办法。中国人缺乏组织能力,纪律习惯,科学知识,我们须作启发训练培养的工夫,这些工夫就是教育。如不经过教育工夫,则政治与经济均无办法。②
　　中国地方自治要想成功,必须从礼俗出发,进行组织。而礼俗的地方

---

① 《梁漱溟全集》第七卷,济南:山东人民出版社,2005 年,第565—566 页。
② 《梁漱溟全集》第五卷,济南:山东人民出版社,2005 年,第335 页。

自治组织,亦就是情谊的、伦理的,与教学的地方自治组织——政治与经济,统属于教学的组织之中,而教学居于首位。这就是政治经济与教化三者合一之地方自治组织。①

在具体设计上,乡农学校和合作运动是梁漱溟乡村建设的两大轴心。② 乡农学校是梁漱溟为"救活旧农村"而创造的新文化载体,它不仅是乡村基层教育机构,而且是一个以道德修养为基础的、集政治、经济、文化为一体的民间自发的自治性组织。在这个政教合一的组织里面,包含有学长、学董、教员、学众四部分人,学长由乡里德高望重者担任,学董是担负众望的行政人员,学众则是一乡一村的所有民众,教员是由梁漱溟乡村建设研究机构培训出来的青年学生。学长、学董、教员与学众之间形成一种"师统政治"。"这个新组织即中国古人所谓'乡约'的补充改造"③。乡约本是由北宋人吕大钧受《周礼》、《礼记》等经典启发创造的基层自治组织,以后明清均以之为蓝本推行乡约制度。④ 其功能是"德业相劝,过失相规,礼俗相交,患难相恤"。梁漱溟认为,"乡约这个东西,它充满了中国人精神"⑤,于是对之进行改造和转换,将之作为团结和教育农民的社会组织机构,以期通过"政府学校化"造成"社会学校化",将农村改造为一个儒家集体主义思想的大学校,把动员群众、参与政治、发展经济与中国传统的人情理想和道德向上结合在一起。⑥

---

① 《梁漱溟全集》第五卷,济南:山东人民出版社,2005 年,第 344 页。

② 崔洪植:《关于梁漱溟乡村建设运动的理念目标研究》,载《当代韩国》2003 年春夏合刊,第 36—39 页。

③ 梁漱溟:《乡村建设理论》,上海:上海世纪出版集团,2006 年,第 156 页。

④ 段自成:《清代前期的乡约》,载《南都学坛》(哲学社会科学版)1996 年第 5 期,第 13—16 页;常建华:《乡约·保甲·族正与清代乡村治理——以凌燽〈西江视臬纪事〉为中心》,载《华中师范大学学报》(哲学社会科学版)2006 年第 1 期,第 71—76 页。

⑤ 梁漱溟:《乡村建设理论》,上海:上海世纪出版集团,2006 年,第 157 页。

⑥ [美]艾凯:《最后的儒家——梁漱溟与中国现代化的两难》,王宗昱、冀建中译,南京:江苏人民出版社,2004 年,第 179 页。

合作运动是梁漱溟为提高农村社会生产力及分配的社会化而进行的经济结构改造运动。既然中国传统社会缺乏团体组织和科学技术，那么，"理想社会的成功，一面要生产技术进步，一面要社会组织合理"①。他认为，仅靠单纯的技术指导不足以从根本上促进农业的发展，因为分散的农民从事小块田地的耕作，断无法采用先进的生产技术，而"其经营复须相当的大规模，则舍农民同意的自觉的'合作'，殆无他途"②，只有把农民组织起来，成立农业生产合作社、销售运输合作社等一系列健全的合作系统，才能有效地改变农业生产技术落后的面貌③。他还认为，合作社通过渐进式的利润积累可最终达到资本的公有化，从而实现乡村建设运动的最终目标；当时中国的土地分配不公并有所偏重，所以最应优先解决的问题就是制定耕者有其田的制度和土地的合作利用问题。他希望通过和平的方式来解决土地问题。④

梁漱溟以复兴中国文化为目标的乡村建设实验主要在山东展开。1931 年，梁漱溟等在山东省政府的支持下，于邹平县正式建立山东乡村建设研究院，并指定邹平附近为实验区。自此，梁漱溟和他的同事们以山东乡村建设研究院为中心，在邹平乡村建设实验区开展经济、政治和教育或文化三方面的实验⑤，直至 1937 年因全面抗战爆发才被迫停止。由于梁漱溟等人的崇高声望和广泛影响，同时由于乡农学校的实验取得较大成效，邹平的乡村建设实验很快得以推广至山东全省。到 1937 年，山东全省 107 个县中已有 71 个县设立乡农学校。若不是日本占领山东，到

---

① 梁漱溟：《乡村建设理论》，上海：上海世纪出版集团，2006 年，第 236 页。

② 《梁漱溟全集》第五卷，济南：山东人民出版社，2005 年，第 313 页。

③ 熊吕茂：《梁漱溟的文化思想与中国现代化》，长沙：湖南教育出版社，2000 年，第171 页。

④ 崔洪植：《关于梁漱溟乡村建设运动的理念目标研究》，载《当代韩国》2003 年春夏合刊，第 36—39 页。

⑤ 李凤林：《梁漱溟邹平乡村建设的理论与实践》，载《山东教育科研》1994 年第 4期，第 71—77 页；[美]艾凯：《最后的儒家——梁漱溟与中国现代化的两难》，王宗昱、冀建中译，南京：江苏人民出版社，2004 年，第 173—190 页。

1938 年,山东 107 个县将全部乡农学校化。① 山东邹平成为了中国乡村建设运动的又一个中心。

对于梁漱溟在邹平的实验当时虽有不少赞誉,但也有不多批评。有人认为他脱离实际。如翁之镛就认为:"恁其主观的自我陶醉,淹没了对实际事物的认识。邹平实验的措施,当然有些成就;但其成就乃寄托于人;以人为重,旧制度未动分毫。财政措置与租税处理,全在原来胥吏之手,沿袭传统习惯,而不知改革,甚至认此应有的改革,以为无关宏旨的末技。""乡村建设该要有健全理论,但须恁事实以为佐证,用归纳方法抽绎其结论,若专恁虚悬的空想,执著于主观的成见,以事实强就于早定的前提;不但无裨实际,且理论也无从自圆其说。所以尽管方向不错,求达此方向所需的指针,是理论不足;失去了指针而走的方法,更无依据。费力多而成功少,其病在此"。②

一些有马克思主义倾向的学者也对梁漱溟的实验展开批评。1935年 4 月,千家驹、李紫翔主编的《中国乡村建设批判》论文集,在新知书店出版,对 20 世纪 30 年代在全国各地兴起的乡村建设运动,包括梁漱溟的实验进行了批判。他们的观点,归纳起来,就是认为,中国的乡村建设不能离开民族解放运动单独解决;回避或忽视帝国主义、封建势力(包括土地问题)两大根本问题,是无法取得乡村建设成功的。用孙晓村的话说:"中国乡村建设运动,有一个前提,就是在社会关系不变更之下,尽力做改良的工作;可是,前面指出的三点(即:土地分配不均;生产物分配不均;帝国主义的商品侵略深入中国农村,使农村中的手工业全部破产——笔者),乃是今日中国农村中的主要关系:第一是财产关系;第二是剥削

---

① 余科杰:《山东乡村建设运动述评》,载《山东师大学报》(社会科学版)1995 年第 5 期,第 32—35 页;[美]艾凯:《最后的儒家——梁漱溟与中国现代化的两难》,王宗昱、冀建中译,南京:江苏人民出版社,2004 年,第 174 页。
② 转见于林瑞明:《梁漱溟的思想与行动》,载梁培宽编:《梁漱溟先生纪念文集》,北京:中国工人出版社,2003 年,第 289 页。

关系;第三是殖民地的关系。而真正的'痛处'却在这些关系上。"①

虽然梁漱溟对一些批评作了答辩②,但实际上,梁漱溟自己也发现,他的乡村建设实验充满矛盾与困境。1935 年 10 月 25 日,他在山东乡村建设研究院发表了的一个讲演,题目就叫《我们的两大难处》,所谓"我们的两大难处",他说:"头一点是高谈社会改造而依附政权;第二点是号称乡村运动而乡村不动。"③而且这"不过举其大者而言之;其实不止此。仔细分析起来,我们的矛盾、危机很多很多"④。所以,有人认为,梁漱溟之乡村建设与文化自救运动是"近代儒家对历史命运的挣扎"⑤。

三、北碚实业民生模式

重庆北碚乡村建设实验是在著名爱国实业家卢作孚主持下开展的。1893 年出生于四川省合川县一个贫苦家庭的卢作孚,与晏阳初一样,是从民众教育走上乡村建设道路的。⑥ 他 1910 年在成都加入孙中山的同盟会,以满腔的爱国热情投身于资产阶级民主革命。辛亥革命后,受著名爱国职业教育家黄炎培等的影响,认识到中国"一切病象,皆缘于人,须教育救治之;一切事业,皆待于人,须教育兴举之"⑦,"教育为救国不二之法门,以谓立国家于法治,而缘实业致富,军备致强,民智民德,顾乃卑下。

---

① 孙晓村:《中国乡村建设运动的估价》,见陈翰笙、薛暮桥、冯和法编:《解放前的中国农村》第二辑,北京:中国展望出版社,1987 年,第 446 页。

② 梁漱溟:《答乡村建设批判》,见《梁漱溟全集》第二卷,济南:山东人民出版社,2005 年,第 587—658 页。

③ 《梁漱溟全集》第二卷,济南:山东人民出版社,2005 年,第 573 页。

④ 《梁漱溟全集》第二卷,济南:山东人民出版社,2005 年,第 576 页。

⑤ 毅生:《近代儒家对历史命运的挣扎——梁漱溟之乡村建设与文化自救运动》,载梁培宽编:《梁漱溟先生纪念文集》,北京:中国工人出版社,2003 年,第 339—348 页。

⑥ 苟翠屏:《卢作孚、晏阳初乡村建设思想之比较》,载《西南师范大学学报》(人文社会科学版)2005 年第 5 期,第 129—135 页。

⑦ 《卢作孚文集》,北京:北京大学出版社,1999 年,第 10 页。

民意民力,尤复薄弱,不有教育以扶持,长养之徒云,法治犹无物也,富强之效,亦如捕风"①,乃立志献身教育,并开始了积极探索。1921 年和1924 年,他先后应杨森之邀,到四川泸州和成都出任永宁道尹公署教育科科长和民众通俗教育馆馆长,积极进行教育革新,大力开展民众教育活动②。但由于杨森在军阀混战中失利,卢作孚的民众教育活动很快失败。卢作孚由这两次短暂尝试的失败觉悟到,"纷乱的政治不可凭依",依靠军阀办文化事业,"每每随军事上的失败,而使事业共浮沉"③,"任何建设,政治的或文化的,皆应以经济建设为基础"④,只有有了实业作基础,文化教育才有可靠的支柱。于是,决定在推进民众教育的同时,谋求实业救国之道。遂于 1925 年回到合川创办"民生实业股份有限公司"。从此,走上了创办实业与兴办文化事业相结合的新的救国之路⑤。

1927 年,卢作孚任嘉陵江三峡地区峡防团务局局长后,即开始了以北碚为中心进行的乡村建设实验活动。卢作孚认为,"中国的根本办法是建国不是救亡。是需要建设成功一个现代的国家,使自己有不亡的保障"⑥;"内忧外患是两个问题,却只须一个方法去解决它。这个方法就是将整个中国现代化。换句话说:就是促使中国完成现代化的物质建设和现代的社会组织"⑦。而中国乡村问题的放大就是国家的问题,国家的现代化需要有乡村现代化为基础,因而他把乡村建设定位为实现国家现代

---

① 《卢作孚文集》,北京:北京大学出版社,1999 年,第 1 页。
② 吴洪成、陈兴德:《卢作孚教育思想及其实践活动述论》,载《西南师范大学学报》(人文社会科学版)2000 年第 5 期,第 154—160 页;田海蓝、周凝华:《卢作孚的教育生涯及教育思想》,载《武汉交通管理干部学院学报》2003 年第 1 期,第 25—28 页。
③ 《卢作孚文集》,北京:北京大学出版社,1999 年,第 253 页。
④ 《卢作孚文集》,北京:北京大学出版社,1999 年,第 603 页。
⑤ 王安平:《卢作孚的乡村建设理论与实践述论》,载《社会科学研究》1997 年第 5 期,第 114—119 页。
⑥ 《卢作孚文集》,北京:北京大学出版社,1999 年,第 343—344 页。
⑦ 《卢作孚文集》,北京:北京大学出版社,1999 年,第 267 页。

化的一个实验①,希望通过这个实验,摸索出经验,"供中华民国里小至于乡村,大至于国家的经营的参考"②。

在卢作孚看来,"乡村现代化必须吸引新的经济事业",乡村经济要发展,"当前唯一可靠的办法,是现代化的生产,才能应付当前的环境,才能生存于世界"③。可阻碍中国社会前进的最大障碍不是其他乡建派所说的"中西文化的冲突",而恰恰是中国传统文化情节下衍生的"两重集团生活"。他指出:

> 家庭生活是中国人第一重要的社会生活,亲戚、邻里、朋友的关系是中国人的第二重要的社会生活。这两重社会生活集中了中国人的要求,规范了中国人的活动,规定了社会上的道德条件,政治上的法律制度。这两重社会生活是中国社会问题的两重核心,……④

在这两重关系里,人们"只知有家庭,不知有社会",没有超出这两重生活以外更广义的道德和责任,人们"不肯为社会———一桩事业或一个地方———找出路",结果民族是散漫的民族,社会是散漫的社会,农民更是散漫的农民⑤。

> 向来中国人的经济生活以家庭为中心。没有两打夥的农业,亦没有长期几打夥的工业或商业。一般朋友颇能尽心竭力于其家庭的经济生活,因为只有家庭是他们的经济集团,是他们的生活所依赖着的;向来是没有社会经济集团的,所以无从尽心竭力于社会。而今经济组织随着科

---

① 苟翠屏:《卢作孚、晏阳初乡村建设思想之比较》,载《西南师范大学学报》(人文社会科学版)2005 年第 5 期,第 129—135 页。

② 《卢作孚文集》,北京:北京大学出版社,1999 年,第 353 页。

③ 《卢作孚文选》,重庆:西南师范大学出版社,1989 年,第 384 页、第 67 页。

④ 《卢作孚文集》,北京:北京大学出版社,1999 年,第 316 页。

⑤ 郭剑鸣:《试论卢作孚在民国乡村建设运动中的历史地位———兼谈民国两类乡建模式的比较》,载《四川大学学报》(哲学社会科学版)2003 年第 5 期,第 103—108 页。

学发明扩大了，经济集团已经变成了社会的，须合社会的人力和财力乃能够经营起一桩经济事业来——这社会之大是一个国家或一个地方或一个公司，而一个公司之大往往是铺设到了许多国家或许多地方的。如果我们仍只信赖家庭，不肯信赖社会，仍只尽心竭力于家庭的经济生活，于家庭财富之如何造成，不肯造成社会公共的；乃至尽取社会公共利益，以造成自己家庭的财富，则所有公共事业都会失败到底的。永远不会创造成功国家，创造成功地方，或创造成功一个公司。①

针对于此，他主张，中国的现代化要以工业化和都市化为目标，任何乡村现代化应是现代生产方式和生活方式的统一：前者是"办大工业"，使"一切产业都工业化"，用工业解决一切生产问题、政治建设和文化建设问题；后者是破除中国旧文化所衍生的狭隘的"两重集团生活"，代之以"现代集团生活"。因为"整个的世界变了。向来我们的世界，各管各是最经济的事情；而今这一世界，要集中最大的人群于最大的工厂，最大的农场，最大的矿坑和最长的交通机关才最经济。向来的世界只须人各为其自己，而今必须要整个社会的人相为，而且是要在整个的组织整个的系统之下活动的"②。"世界既成了现代的世界，任何人都逃不出现代的集团生活"，"中国人不能再安眠于以往的情况当中了"③，旧的"集团生活没有改变就不能学现代"④。卢作孚所谓的"现代集团生活"，是一种超越家庭、亲戚、邻里、朋友关系的"工商时代的集团生活组织"。这种集团社会有新的比赛标准和新的道德标准，人们一心为社会、为国家谋福利，在工厂中比工作的效率，在学术团体中比赛新的发现与发明。⑤

---

① 《卢作孚文集》，北京：北京大学出版社，1999 年，第 202 页。
② 《卢作孚文集》，北京：北京大学出版社，1999 年，第 202 页。
③ 《卢作孚文集》，北京：北京大学出版社，1999 年，第 311 页。
④ 《卢作孚文集》，北京：北京大学出版社，1999 年，第 327 页。
⑤ 赵晓玲：《卢作孚的梦想与实践》，成都：四川人民出版社，2002 年，第 192—193 页。

因此,卢作孚的乡村建设运动是以谋"民生"、保"民享"为宗旨,"以经济建设为中心"而展开的。1927 年,他筹资组建了北川铁路公司,经过短短的一年时间,修筑了一条长达 8.5 公里的窄轨运煤铁路。这是四川第一条民营轻便铁路。此后不久,卢作孚又组建了西南最大的煤矿公司——天府煤矿公司,并创办了造冰厂和煤球厂。与此同时,卢作孚还创办了四川省第一家使用电力的机器织布厂——三峡染织厂、石印社、银行和果园等等。在吸引新经济项目实施实业建设、发展乡村经济的同时,他大力兴办文化事业和社会公益事业,丰富乡村文化生活。如训练士兵和学生担任地方警察,负责维持公共秩序,管理公共卫生,预防水火灾患,取缔妨害公众的行为;创办地方医院,为乡民免费治疗、预防疾病;建设图书馆、平民公园、博物馆、动物园和公共运动场;创办嘉陵江日报馆;设立中国西部科学院、兼善中学和附属小学;安装公共电话;整修街道和临街铺面等等①。他还积极开展包括现代生活运动、识字运动、职业运动与社会工作运动的民众教育活动,开启民智。如在峡防局专门设立了民众教育办事处,负责对各阶层民众进行教育。按照卢作孚的观点,民众教育不仅仅是民众学校,是可以从多方面举行的。如像医院人人有病人,博物馆动物园天天有游人,图书馆天天有读书看报的人,再则,如像上下木船的船夫子,当场天的赶场人,都是我们应施教育的民众。各街茶房酒馆都是我们值得布置教育环境的地方。② 因而办事处有教无类,先后依职业的种类和集中的便利程度,办起了船夫、力夫、妇女、下人等十多个民众学校,普遍开展识字和教育活动。教育内容广泛多样,教育方式因人因地制宜,灵活机动。为了发挥下乡知识分子的作用和农民的能动性、积极性,顺利

---

① 王安平:《卢作孚的乡村建设理论与实践述论》,载《社会科学研究》1997 年第 5 期,第 114—119 页;刘重来:《论卢作孚"乡村现代化"建设模式》,载《重庆社会科学》2004 年创刊号,第 110—115 页;龙海:《试论民国时期卢作孚在北碚的卫生建设对"乡村现代化"的意义》,载《重庆社会科学》2005 年第 9 期,第 66—69、87 页。

② 王安平:《卢作孚的乡村建设理论与实践述论》,载《社会科学研究》1997 年第 5 期,第 114—119 页。

地进行乡村实业建设和村民生活方式的转变,他一方面将民生公司学校化,一方面实施学校教育与民众教育相结合的以民众教育为中心的社会教育。[①]

有人说:"卢先生创造北碚式的乡村建设,在短短十九年中(实际上是二十二年——笔者),作出了中国几千年所未曾有过的成绩(也许是我孤陋寡闻)。与卢先生或先或后的时期里,中国著名的乡村建设的典范,有河北的定县,山东的邹平,南京的晓庄,都还未做到如北碚建设之多,组织之严谨,合乎当时当地的实际情况,对农村有广泛而长久的影响。"[②]此评是否公允姑且不论,但卢作孚在北碚的乡村建设实验从 1927 年肇始直至解放,历时二十余年,确有显著成绩和特点。诚如赵晓玲所陈:"如果说,中国在 20 世纪上半叶的现代化建设大都被侵略战争中断,那么,北碚地区的旨在建设现代化市镇的社会改革试验在战时不但没有中断,反而在各方面有更快的发展。""中国乡村建设的三位著名教育家陶行知、晏阳初、梁漱溟都在北碚找到了他们的知音,他们在江苏、河北和山东被迫中断的乡村建设事业在北碚得到延续。……而北碚地区也在为国家民族保存国脉的同时,得到了长足发展的机会,市政建设进展很快,城市功能更加完善。"[③]1934 年 10 月,卢作孚在《四川嘉陵江三峡的乡村运动》一文中,曾为其乡村建设设计了一个"现代化"的建设蓝图。在这幅蓝图中,他明确地把现代化建设分为四个方面:

1. 经济方面:

(1)矿业 有煤厂,有铁厂,有矿厂。

(2)农业 有大的农场,有大的果园,大的森林,大的牧场。

---

① 张秉福:《民国时期三大乡村建设模式:比较与借鉴》,载《新疆社会科学》2006 年第 2 期,第 97—103 页。

② 刘重来:《卢作孚画传》,重庆:重庆出版集团重庆出版社,2007 年,第 106 页。

③ 赵晓玲:《卢作孚的梦想与实践》,成都:四川人民出版社,2002 年,第 114—115 页。

(3)工业　有发电厂,有炼焦厂,有水门汀厂,有造纸厂,有制碱厂,有制酸厂,有大规模的织造厂。

(4)交通事业　山上山下都有轻便铁道,汽车路,任何村落都可以通电话,可通邮政,较重要的地方可通电报。

2. 文化方面:

(1)研究事业　注意应用的方面,有生物的研究,有地质的研究,有理化的研究,有农林的研究,有医药的研究,有社会科学的研究。

(2)教育事业　学校有试验的小学校,职业的中学校,完全的大学校;社会有伟大而且普及的图书馆,博物馆,运动场和民众教育的运动。

3. 人民

皆有职业,皆受教育,皆能为公众服务,皆无不良嗜好,皆无不良的习惯。

4. 地位

皆清洁,皆美丽,皆有秩序。皆可住居、游览。①

卢作孚的目的是要把北碚建成一个"生产的区域,文化的区域,游览的区域","一个灿烂美好的乐土","供中华民国里小至于乡村大至国家的经营的参考"②。经过卢作孚及其人民"吸引新的经济事业"、"创造文化事业和社会公共事业",开展"现代生活的运动"、"识字的运动"、"职业的运动"、"社会工作的运动",③北碚确实快速地朝着既定目标迈进。1936 年,黄炎培来到北碚,对其变化大发感慨:

历史是活动的。有许多"人"昨天是无名小卒,今天便是鼎鼎名流。"地"何尝不这样呢? 诸君从普通地图上找"北碚"两字,怕找遍四川全省

---

① 《卢作孚文集》,北京:北京大学出版社,1999 年,第359—360 页。
② 《卢作孚文集》,北京:北京大学出版社,1999 年,第353 页。
③ 《卢作孚文集》,北京:北京大学出版社,1999 年,第353—360 页。

还找不到。可见这小小地方,还没有资格接受地图编辑专家的注意呀!可是到了现在,北碚两字名满天下,几乎说到四川,别的地名很少知道,就知道北碚。与其说因地灵而人杰,还不如说因人杰而地灵吧。原来北碚是嘉陵江上游巴县、江北、璧山、合川四县交界地点,在八九年前,满地是土匪,劫物掳人,变作家常便饭,简直是一片土匪的世界。现今鼎鼎大名、公认为建设健将的卢作孚先生,……施展他的全身本领,联合他的同志,第一步训练民团,第二步搜剿土匪……不上几个月,把杀人放火的匪巢变成安居乐业的福地。①

1939 年,陶行知来到北碚参观后,称赞北碚是"将来如何建设新中国的缩影":

我在北碚参观了一周,看到了你们创办的经济事业、文化事业和社会事业,一派生计勃勃的奋发景象……北碚的建设,……可谓将来如何建设新中国的缩影。②

1943 年,卢作孚在《我们要"变",要"不断地赶快变!"》的讲话中,对北碚的变化如数家珍:

有人说,总算北碚好些的理想,如今都实现了。如教育有各级学校,游览有各处名胜,经济方面工业虽说不上,而矿业却占大后方第一的位置了,有好多是比原来的想象甚至超过……北碚的街道变好走了,树子活了,公园变美丽了,……原来是荒地的,都变成耕地了,原来的田种一季稻的都变成双季稻了,原来品种、肥料、农具是用不顶好的,现在都变成适用

---

① 黄炎培:《北碚之游》,转见于张守广:《卢作孚年谱》,重庆:重庆出版社,2005 年。
② 转见于刘重来:《卢作孚画传》,重庆:重庆出版集团重庆出版社,2007 年,第 153 页。

的顶好的了,到处不是农田,便是森林,原来无铁路的,有铁路了,原来公路不行车的,都变成有充分的车辆行驶了,原来房子是黑暗的,是闷塞的,都通光线,通空气了,原来每家门前是光秃的,都栽了各种花果树木了。使你一走进这区域,到处都感觉得美丽,到处都整洁,到处都有秩序,到处都看得到一手一足的经营,……才觉得这地方的可爱可慕。①

而1944年,一家外国报刊报道了北碚的显著变化,"北碚现在有了博物馆和公园,有了公路和公共体育场,有了漂亮的图书馆和一些建设得很好的学校,还有一个非常现代化的城市市容",惊呼北碚是"平地涌现出来的现代化市镇","是迄今为止中国城市规划的最杰出的例子"。②

1948年,由中美两国专家组成的中国农村复兴委员会到北碚考察之后,也说:"各委员发现北碚市容,如宽广的街道,各种公共建筑,市政中心,及其他事项,都远非普通中国城市所可望其项背。"③

1983年,梁漱溟在《怀念卢作孚先生》一文中,依然对北碚乡村建设的成就推崇备至:

作孚先生及其胞弟卢子英,从清除匪患,整顿治安入手,进而发展农业工业生产,建立北碚乡村建设实验区,终于将原是一个匪盗猖獗、人民生命财产无保障、工农业落后的地区,改造成后来的生产发展、文教事业发达、环境优美的重庆市郊的重要城镇和文化区,现在更成为国内闻名的旅游胜地。④

经过二十余年的努力,北碚实验区面貌的变化引人注目的,其显著成就在当时得到联合国教科文组织等世界权威机构的认可,及黄炎培和梁

---

① 刘重来:《卢作孚画传》,重庆:重庆出版集团重庆出版社,2007年,第151页。
② 刘重来:《卢作孚画传》,重庆:重庆出版集团重庆出版社,2007年,第137页。
③ 刘重来:《卢作孚画传》,重庆:重庆出版集团重庆出版社,2007年,第137页。
④ 《梁漱溟全集》第七卷,济南:山东人民出版社,2005年,第526页。

漱溟等知名人士的高度评价①。新中国成立后，毛泽东盛赞卢作孚与张之洞、范旭东、张謇同为人们不能忘记的旧中国四大实业家。尽管他的乡土理论与实践具有明显的改良主义和理想主义色彩，但他乡村建设的主张所体现出来的奋发进取、积极探索、大公无私、牺牲小我为人民谋利益的精神及其在局部地区——北碚所取得的成就是值得肯定和借鉴的。

---

① 郭剑鸣:《试论卢作孚在民国乡村建设运动中的历史地位——兼谈民国两类乡建模式的比较》,载《四川大学学报》(哲学社会科学版)2003 年第 5 期,第 103—108 页;刘重来:《论卢作孚"乡村现代化"建设模式》,载《重庆社会科学》2004 年创刊号,第 110—115 页。

第四章　社区研究派

　　若欲为一国家谋划经济建设,必先用区位学派的观点,来探讨该国家社会经济的物质准备,有无顺应新环境的能力;又若欲为一民族谋划文化建设,必先用文化学派的观点,来考察该民族固有的旧文化,与外来的新文化,有无调适或融化的能力。是则经济建设有赖于区位学派的社区研究,文化建设有赖于文化学派的社区研究。欲求经济建设与文化建设齐头并进,这两种社区研究是缺一不可的。

——吴文藻[1]

　　对中国社会的正确认识应是解决怎样建设中国这个问题的必要前提。科学的知识来自实际的观察和系统的分析,也就是现在所说的"实事求是"。因此,实地调查具体社区里的人们生活是认识社会的入门之道。

——费孝通[2]

　　正当中国农村危机重重,日益成为社会各界密切关注的热点和焦点之时,受西方社会学人类学的启发,20世纪30、40年代,年轻的中国社会人类学投入到了火热的中国乡村研究之中,吴文藻、费孝通、林耀华、杨庆

---

　　① 吴文藻:《西方社区研究的近今趋势》,见《吴文藻人类学社会学研究文集》,北京:民族出版社,1990年,第158页。
　　② 费孝通:《〈云南三村〉序》,见费孝通、张之毅:《云南三村》,北京:社会科学文献出版社,2006年,第3页。

垫、李安宅、徐雍舜、田汝康、张之毅、李有义等,一批受过系统的欧美教育的社会人类学学者,筚路蓝缕,以启山林,初步创立了有中国特色的乡村社区研究范式,在众多的中国乡村研究中,独树一帜,风格独特,自成一派,称"比较社会学派"、"社区研究派",或以其主要基地燕京大学冠名为"燕京社会学派"。"社区研究在当时被认为是这个学派的特色。在社会学学科里可以说是偏于应用人类学方法进行研究社会的一派,在社会人类学里可以说是偏于以现代微型社区为研究对象的一派,即马林诺斯基称之为社会学的中国学派。"①

社区研究派主张要从社区研究中探寻中国社会变迁的动力。因为他们认为:"目前中国所遭遇的,根本上不外是一个社会变迁的问题,而这变迁显然是由于民族及文化的接触所引成的。要了解这处境、这问题,我们认为一方面须大量地进行国内各社区的实地研究,一方面我们须尽量借助于国外学者在这方面所已有的理论系统及实地研究报告。"②在此之前,新兴的中国社会学已掀起了一个社会调查运动,但社区研究派不满意社会调查派的调查,对于在所谓"社会调查"基础上进行的乡村建设运动亦不以为然。赵承信曾于1936年撰文指陈:"社会调查虽以实际问题为出发点,但这些位社会调查者却不是为分析问题而调查,他们是为社会改良而调查的。他们都是社会改良家,最低限度的,每个社会调查者都富有社会改良的精神。不过凡是社会改良家总先有一套社会改良方案的,最低限度有一套社会改良的观念。所以每个社会改良式的社会调查总为调查者的改良观念所蒙蔽。调查者所认定的实际问题是什么便调查什么;他调查的结果必然为证明他心目中所认识的问题的存在;结果,他所搜集的事实必然为证明他的改良方案,是有事实的根据而且是对的。"③"所以

---

　　① 潘乃谷:《但开风气不为师——费孝通学科建设访谈》,见《社区研究与社会发展》,天津:天津人民出版社,1996年,第53页。

　　② 《费孝通文集》,北京:群言出版社,1999年,第415页。

　　③ 赵承信:《社会调查与社区研究》,见北京大学社会学人类学研究所编:《社区与功能——派克、布朗社会学文集及学记》,北京:北京大学出版社,2002年,第373页。

从方法论上说,中国社会研究还得要靠普通社会调查以外的方法。不但如此,普通社会调查式的社会研究只注重量的分析仍不能包括社会现象的全体,是以从这方面说来,社会调查式的社会研究不足以了解社会共同生活的整体。同时社会调查式的社会研究多是片断的,它的着重点是在一个社会的经济过程中所发生的问题如贫乏等。就是通常所谓的社会概况调查,虽然对于社会生活面面都注意到了,但还失之于空泛,因为社会概况的认识不足以使我们了解社会共同生活的实在。"①费孝通也抱怨当时一些乡村改良运动:

我们只看见要知识分子下乡去的宣传,要改革这样要改革那样的呼声,但是我们绝没有机会听见一个调查农民态度的忠实报告。好像邹平、定县已在乡村中引入了种种新的生活形式,我们很愿意知道这辈在改变生活形式中的农民对于这些新形式的认识是怎样的,在态度上,我们才能预测这种乡村运动的前途。②

在他看来:

文化组织中各部分间具有微妙的搭配,在这搭配中的各部分并没有自身的价值,只有在这搭配里才有它的功能,所以要批评文化的任何部分,不能不先理清这个网络,认识它们所有相对的功能,然后才能拾得要处。这一种似乎很抽象的话,却正是处于目前中国文化激变中的人所最易忽略的。现在所有种种社会运动,老实说,是在拆搭配。旧有的搭配因处境的变迁固然要拆解重搭,但是拆的目的是在重搭,拆了要搭得拢才对。拆时自然该看一看所拆的件头在整个机构中有什么功能,拆了有什

---

① 赵承信:《社会调查与社区研究》,见北京大学社会学人类学研究所编:《社区与功能——派克、布朗社会学文集及学记》,北京:北京大学出版社,2002 年,第 379 页。
② 《费孝通文集》,北京:群言出版社,1999 年,第 119—120 页。

么可以配得上。大轮船的确快,在水滩上搁了浅,却比什么都难动。

当然谁也不能否认现在中国人生活太苦,病那末重,谁都有些手忙脚乱。其实这痛苦的由来是在整个文化的处境变迁,并不是任何一个部分都有意作怪。你激动了感情,那一部分应该打倒,那一部分必须拆毁,但是愈是一部分一部分的打倒,一部分一部分的拆毁,这整个的机械却愈来愈是周转不灵,生活也愈是不可终日。在我们看来,上述的一个观点似乎是很需要的了。在这观点下,谩骂要变成体恤,感情要变成理智,盲动要变成计划。我们亦明白要等研究清楚才动手,似乎太慢太迂,但是有病求艾,若是中国文化有再度调适的一天,这一个观念是不能不有的。①

因此,社区研究派致力于从社区研究中探寻中国乡土社会变迁的动力和变迁过程。

一、社区研究派的形成与初步实践

"社区"概念的提出,是在 19 世纪下半叶。1871 年,英国学者 H. S. 梅因(Sir Henry James Sumner Maine)在《东西方村落社区》中,首次使用"社区"(Community)一词。② 1887 年,德国学者斐迪南·滕尼斯(Ferdinand Tonnies,1855—1936)在其著作《共同体与社会》中,首次对"社区"(德文 Gemeinschaft,对应英文 Community,中文一般译为"社区",有时译为"共同体"——笔者)概念进行了论述。他把人类共同生活的表现形式区分为社区和社会两种类型:社区是持久的和真正的共同生活,社会只不过是一种暂时的和表面的共同生活。③ 但人类学社会学的社区研

---

① 费孝通:《费孝通文集》,北京:群言出版社,1999 年,第 477—478 页。
② 朱婧:《"社区"解读》,载《社科纵横》2005 年第 5 期,第 57—59 页。
③ [德]斐迪南·滕尼斯:《共同体与社会——纯粹社会学的基本概念》,林荣远译,北京:商务印书馆,1999 年,第 52—57 页。

究实践,一般认为,是从马林诺夫斯基开始。马林诺夫斯基于 1914 年至 1918 年间到西太平洋的特洛布里安德(Trobriand)岛进行了长期的田野调查。他不仅与当地人访谈,就各种各样的问题向当地人请教,而且参与特洛布里安德人的生产和生活实践,观察他们的仪式和巫术活动等。返回英国后,他以特洛布里安德人的生活为素材写下了大量著作,创立了功能主义理论,建立了以参与观察为基本特征的田野工作规范。虽然在此之前,摩尔根(Lewis Henry Morgan,1818—1881)、里弗斯(W. H. R. Rivers)、博厄斯(Franz Boas,1858—1942)等人类学家也做田野调查,但这些田野工作尚未规范。当时的人类学,不论是进化论、还是传播论,或者历史特殊论,其旨趣皆在于构建宏观的人类文明史,为此,他们主要是依靠探险者或传教士的游记等第二手资料进行研究。他们的田野作业没有严格的社会空间单位界定,主要是访谈个别较有知识的当地人,对当地人的整个社会生活并不是很关心。马林诺夫斯基则不同,他认为,进化学派凭“遗俗”的概念,重构人类以往的发展阶段,传播学派以追寻文化传播的路线重构历史,历史特殊学派把“文化”视作一些互不相干的文化特质的堆积体,都是建立在对文化本质“认识不够”的基础之上的。① 在他看来,每一个活生生的文化都是有效力功能而且整合为一个整体的,离开这个整体关系,则无法了解其中任何一部分,对于其中任何一项文化特质的功能的了解,在于它对其他特质的影响及其他特质对它的影响。因此,社会人类学家要通过对一个“分立群域”的长期的参与观察,把当地社会的所有文化特质置于一个整体中加以分析,而不能像古典人类学家那样切割文化。正如他在《原始社会的犯罪与习俗》中指出:

　　……但真正负有责任的应是田野调查者。在大部分陈述的记录中几乎没有什么与现实生活发生的情况一样,而都是关于应当发生或据说发

---

① ［英］马林诺夫斯基:《文化论》,费孝通等译,北京:中国民间文艺出版社,1987 年,第 11—14 页。

生的记录。许多早期研究的记载,多以损害原始人为主,竭尽猎奇取艳、哗众取宠和讽刺挖苦之能,直到现在情况发生了转变,却又是人类学家遭到易受人嘲讽之害了。早期的记录重视的是习俗的怪异性,而不是它本身的真实性。现代人类学家通过译员,凭借问卷式的工作方法能再次收集到零散的观念,泛泛之论和枯燥之陈述。他给予我们的并非原始社会的真实情况,因为他从未亲眼目睹。体现在大部分人类学著作中的荒谬特征在于:人为地加工割裂生活背景的陈述。真正的问题不是去研究人类怎样服从规则——事情并非这么简单,真正的问题是规则应如何去适应人类生活。①

马林诺夫斯基以他在特洛布里安德岛的田野调查和功能主义的理论思考,开创了社会人类学社区研究的传统。从而把人类学从书斋带到田野,从历史带到现实。这对中国社会人类学产生了巨大影响。大约在1913 年来到中国,在上海沪江大学任社会学系主任和教授的美国学者葛学溥(D. H. Kulp),于 1918 年、1919 年和 1923 年间,多次组织学生利用假期对华南沿海地区的凤凰村进行调查②,并以调查所得为基础,于 1925 年写成《华南农村生活——家族主义社会学》(Country Life in South China:the Sociology of Familism)在哥伦比亚大学出版③。葛学溥认为:对中国这样广大区域生活进行概括是危险的,"要真正了解当代中国人的社会生活,不能仅收集抽象的资料,也不能仅对一般兴趣的题目进行分类,而是应该选择某些群体、村落和地区进行深入的研究,分析详尽的资

---

① [英]马林诺夫斯基《原始社会的犯罪与习俗》,原江译,昆明:云南人民出版社,2002 年,第 83 页。

② "凤凰村"是葛学溥给所调查的村子起的一个学名。该村的真实名称是溪口村,现隶属广东省潮安县归湖镇。一些外国学者认为,葛学溥没有亲往凤凰村进行过调查,调查乃由他的学生完成,但周大鸣经调查认为不确。见周大鸣:《重访凤凰村》,载《读书》1998 年第 9 期,第 68—70 页。

③ 周大鸣于 2006 年将该书译为中文由知识产权出版社出版,译名为《华南的乡村生活——广东凤凰村的家族主义社会学研究》。

料,并利用资料进行相关和交互分析以发现中国社会的功能、社会发展的过程和未来的趋势。"①在他心目中,村落是中国社会的基础,"村落不仅居住着中国的大部分人口和经营农业,在现代贸易的相互渗透和交往频繁的情况下,村落研究更具有国际的意义"②,可是以往对乡村生活的研究过于概括的结论,影响了其权威性和可信性,因而"在中国每一个大区内选择一个村落进行调查是有意义的"③。《华南农村生活——家族主义社会学》一书以乡村民族志的方式,全方位地描述和分析了凤凰村的人口、经济、政治、教育、婚姻和家庭、宗教信仰和社会控制等。葛学溥创造性地提出了"家族主义"这个核心概念,认为家族主义是一种社会制度,所有的行为、标准、思想、观念都产生于或围绕着基于血缘聚居团体利益的社会制度。家族是所有价值判断的基础和标准。一切有利于家族的事务、行为都会采纳、推广,反之,就会视为禁忌、加以修正和限制。村落所有的其他制度,包括政治制度、社会控制、宗教信仰、亲属制度都围绕家族主义这一核心。作者还提出了中国社会研究的一些基本概念。尽管以现在看来,葛学溥对凤凰村的调查不乏调查不深、阐述不清之处,但该书却对汉学人类学具有开拓性意义。书中的一些概念、观点和资料常为以后从事中国研究的中外人类学家所讨论和引用。④ 葛学溥的这一研究不仅如容观琼先生所说是导致人类学从部落社会走向乡村研究的里程碑⑤,而且开中国村落社区研究之先河。

---

① [美]丹尼尔·哈里森·葛学溥:《华南的乡村生活——广东凤凰村的家族主义社会学研究》,周大鸣译,北京:知识产权出版社,2006年,第2页。

② [美]丹尼尔·哈里森·葛学溥:《华南的乡村生活——广东凤凰村的家族主义社会学研》,周大鸣译,北京:知识产权出版社,2006年,第Ⅷ页。

③ [美]丹尼尔·哈里森·葛学溥:《华南的乡村生活——广东凤凰村的家族主义社会学研究》,周大鸣译,北京:知识产权出版社,2006年,第1页。

④ 周大鸣:《凤凰村的追踪研究》,载《广西民族学院学报》(哲学社会科学版),2004年第1期,第33—38页。

⑤ 周大鸣:《凤凰村的变迁:〈华南的乡村生活〉追踪研究》,北京:社会科学文献出版社,2007年,第1页。

因应西方殖民主义需要在 20 世纪 20 年代产生的功能主义理论,在 30、40 年代已为西方殖民主义者的殖民地管理发挥了显著作用,此种状况或态势强烈地冲击着抱有"认识中国,改造中国"使命,为探索中华民族脱离危机走向繁荣富强的现代化道路而不断"上下求索"的中国社会学人类学界。反观当时的中国社会学人类学"始而由外人用外国文字介绍,例证多用外文资料;继而由国人用外国文字讲述,有多讲外国材料者","在知识文化的市场上,仍不脱为一种变相的舶来物"[①],显然在"认识中国,改造中国"上难有作为,所以,以吴文藻为代表的一些不满现状者,大声疾呼中国学界应急起直追,迎头赶上,使人类学的研究,在理论及应用上,同时并进,并为此大力倡导社会学人类学的"中国化"。费孝通曾一针见血地指出:"吴老师所主张的'社会学中国化'原来是很朴实地针对当时在大学里所讲的社会学不联系中国社会的实际而提出来的。要使社会学这门学科能为中国人民服务,即对中国国计民生有用处,常识告诉我们,这门科学里所包括的知识必须有中国的内容。提出社会学中国化,正反映了当时中国大学里所讲的社会学走上了错误的路子,成了'半殖民地上的怪胎'。"[②]所谓"社会学中国化",如吴文藻先生所提:"以试用假设始,以实地证验终,理论符合事实,事实启发理论;必须把理论和事实糅合在一起,获得一种新综合,而后现实的社会学才能根植于中国的土壤之上;又必须有了本土眼光训练出来的独立的科学人才,来进行独立的科学研究,社会学才算彻底的中国化。"[③]用费孝通先生的话说:"吴老师提出'社会学中国化'就是着重研究工作必须从中国社会的实际出发。中国人研究中国(本社会、本文化)必须注意中国特色,即中国社会和文化的个性。"[④]

---

① 林耀华、陈永龄、王庆仁:《吴文藻传略》,载《民族教育研究》1994 年第 2 期,第 79 页。

② 费孝通:《开风气育人才》,王庆仁、马启成、白振声主编:《吴文藻纪念文集》,北京:中央民族大学出版社,1997 年,第 30 页。

③ 吴文藻:《吴文藻自传》,载《晋阳学刊》1982 年第 6 期,第 48 页。

④ 费孝通:《开风气育人才》,王庆仁、马启成、白振声主编:《吴文藻纪念文集》,北京:中央民族大学出版社,1997 年,第 33 页。

为了实现社会学中国化,吴文藻努力开展三项工作:"第一,寻找一种有效的理论构架;第二,用这种理论来指导对中国国情的研究;第三,培养出用这种理论研究中国国情的独立科学人才。"①经过深入分析和反复比较,他认为"功能学派是社会人类学中最新进,而亦是现今学术界上最有力的一个学派"②,用功能学派的理论研究中国国情能取得一种"新的综合,创造出具有中国特色的新研究路子③,因而"颇想利用此派的观点和方法,来尝试现代社区的实地研究"④。

"吴老师把英国社会人类学的功能学派引进到中国来,实际上也就是想吸收人类学的方法,来改造当时的社会学"⑤,之所以如此,这背后其实隐含着吴文藻等中国社会人类学开创者对"中国特色"即"中国社会和文化的个性"的一个判断或认识。在英国和美国,人类学和社会学是各守门户,分灶吃饭的⑥,但在吴文藻等人看来,通过引进人类学的方法把社会学与人类学联系起来,可以深化对中国社会文化的理解,因为,"他们认为,中国从基质上是一个传统农业社会,但19世纪以来这个传统社会又面临着以工业化为主导的社会变迁,为了研究这样一个社会的现实状况,就要结合从传统社会的研究中提炼出来的社会人类学和从变迁的工业化社会的研究中提炼出来的社会学,而要使社会学更细致而现实地反映中国社会,社区研究的办法值得采纳"⑦。1935年,吴文藻发表《现

---

① 林耀华、陈永龄、王庆仁:《吴文藻传略》,载《民族教育研究》1994年第2期,第79页。

② 吴文藻:《功能派社会人类学的由来与现状》,见《吴文藻人类学社会学研究文集》,北京:民族出版社1990年,第122页。

③ 林耀华、陈永龄、王庆仁:《吴文藻传略》,载《民族教育研究》1994年第2期,第79—80页。

④ 吴文藻:《功能派社会人类学的由来与现状》,见《吴文藻人类学社会学研究文集》,北京:民族出版社1990年,第123页。

⑤ 费孝通:《开风气育人才》,王庆仁、马启成、白振声主编:《吴文藻纪念文集》,北京:中央民族大学出版社,1997年,第33页。

⑥ 费孝通:《关于人类学在中国》,载《社会学研究》1994年第2期,第1—4页。

⑦ 王铭铭:《走在乡土上——历史人类学札记》,北京:中国人民大学出版社,2003年,第4页。

代社区实地研究的意义和功用》称：

> "社区"一词是英文 Community 的译名。这是和"社会"相对而称的。
> 我所要提出的新观点，即是从社区着眼，来观察社会，了解社会。……社
> 会是描述集合生活的抽象概念，是一切复杂的社会关系全部体系之总称。
> 而社区乃是一地人民实际生活的具体表词，它有物质的基础，是可以观察
> 得到的。①

为了推广"社区研究"，吴文藻等除了积极地撰写和发表文章大力鼓
吹外，还先后邀请美国芝加哥大学社会学家派克（Robert E. Park，1864—
1944，现又译为"帕克"）和英国著名的人类学家拉德克利夫·布朗
（Arthur R. Radcliffe-Brown，1881—1955）来华讲学。派克是芝加哥学派社
会学的奠基人，其理论体系从"集合行为"（Collect Behavior）开始，以"人
文区位学"（Human Ecology）结束②。有学者说"人文区位学派的社区研
究就其追求社会历程的了解与野外工作使用的技术而言，和人类学颇有
相似之处。所不同的是前者研究现代社区，后者研究部落社区"。其实，
派克"主张理论应当密切联系实际，而且提倡实地调查的方法：就是研究
者必须亲自深入社会生活，进行详细观察，亲自体会和了解被研究者的行
为和心态，然后通过分析、比较、总结事实，提高到理论水平。这种实地调
查方法是从社会人类学里移植过来的。社会人类学用于土著民族，社会
学则用之于城市居民。芝加哥大学社会学系就是以这种方法研究芝加哥
城市各种居民区而著名的。他称这种研究作'community study'，我们把
它翻译作'社区研究'"③。派克于 1932 年 9 月来到中国，12 月离开，历

---

① 吴文藻：《现代社区实地研究的意义和功用》，见《吴文藻人类学社会学研究文
集》，北京：民族出版社 1990 年，第 144 页。

② 孙平：《从派克到费孝通——谈费孝通忆派克对中国社会学、人类学的贡献》，载
《开放时代》2005 年第 4 期，第 32—41 页。

③ 费孝通：《略谈中国的社会学》，载《社会学研究》1994 年第 1 期，第 3—4 页。

时 3 个月,讲授了"集合行为"和"社会学研究方法"两门课程,给燕京大学师生以巨大的影响。吴文藻听从派克的指导,开始引导学生学习社会人类学的田野调查方法,并邀请英国著名人类学家、与马林诺斯基同为功能学派创始人之一的拉德克利夫—布朗来华传授社会人类学。布朗于1935 年秋来到中国,用大约一个半月的时间在燕京大学讲授了"比较社会学"课程,并主持了"中国乡村社会学调查"讨论班。其后,又到武汉、南京、上海、广州等地访问、考察,与当地学者进行学术交流。在吴文藻等人的大力推动下,田野调查逐渐成为中国社会学人类学的主要方法,社区研究逐渐成中国社会学人类学的共同风气①。

　　吴文藻等人极力推动的社区研究当然是广泛的。他们希望"大家用同一区位或文化的观点和方法,来分头进行各种地域不同的社区研究"②,"民族学家则考察边疆的部落社区,或殖民社区;农村社会学家则考察内地的农村社区,或移民社区;都市社会学家则考察沿海或沿江的都市社区"③。但他们显然与其他学派的学者一样,认为乡村是"认识中国,改造中国"的关键所在,所以,他们"想当然地"将派克的城市社会学改造成乡村社会学④,并欣然接受布朗在华期间提出的"对于中国乡村生活社会学调查的建议",认定"在中国研究,最适宜于开始的单位是乡村"⑤,积极地开展了对中国乡村的社区研究。

　　林耀华先生是中国乡村社区研究的先行者之一。1934 年 2 月至 5

---

①　杨雅彬:《近代中国社会学》,北京:中国社会科学出版社,2001 年,第 665— 675 页。

②　吴文藻:《吴文藻自传》,载《晋阳学刊》1982 年第 6 期,第 48 页。

③　吴文藻:《吴文藻自传》,载《晋阳学刊》1982 年第 6 期,第 48 页。

④　王铭铭:《走在乡土上——历史人类学札记》,北京:中国人民大学出版社,2003 年,第 229—233 页。

⑤　拉得克里夫·布朗:《对于中国乡村生活社会学调查的建议》,吴文藻编译,见北京大学社会学人类学研究所编:《社区与功能——派克、布朗社会学文集及学记》,北京:北京大学出版社,2002 年,第 304 页。

月,他赴福建义序①进行了为期3个月的田野调查,在此基础上,于1935年完成其硕士学位论文《义序宗族的研究》。该文作为中国本土学者以参与观察法研究汉人家族、宗族的第一部人类学论著,实质上是一部宗族社区志。② 它以乡村社区的宗族为基础,阐述和分析了宗族组织的形式与社会功能、宗族与家庭的连锁结构、亲属关系体系及其作用以及人生礼仪所包含的个人生命史的文化内涵。从论述的字里行间,可以一目了然地看到功能学派对林耀华的明显影响。从某种意义上说,它是模仿、学习、运用功能理论(特别是布朗的结构功能理论)的操练结果。③ 作为吴文藻的得意弟子、燕京大学社会学系30年代初期的研究生,林耀华确实受功能学派的影响颇早且深。在拉德克利夫—布朗来华讲学前夕,他为迎接这位功能学派的著名学者,特意撰写并发表了《从人类学的观点考察中国近代社会》一文,介绍了功能学派的理论特色,并运用功能学派的理论对近代中国社会进行了简略分析。拉德克利夫—布朗在华大学讲学期间,林耀华不仅参加了所有课程的学习,还请他担任了硕士学位论文的材料组织导师④。但林耀华"义序研究"对中国人类学不应忽视的贡献在于,它以严格规范的参与观察法研究中国宗族制度,开启了中国宗族研究的新局面。在《义序宗族的研究》中,林耀华首次提出"宗族乡村"概念。而后,在1936年发表的《从人类学的观点考察中国宗族乡村》中,林耀华对这一概念重加定义:

① 义序是一个真实的地名,位于福建省会城市福州市南郊的南台岛南端,现属福州市仓山区盖山镇。参见阮云星:《义序:昔日"宗族乡村"的民俗节庆》,载《广西民族学院学报》(哲学社会科学版)2000年第3期,第20—26、91页。

② 阮云星:《宗族研究中的"义序"与"义序研究"中的宗族》,见庄孔韶主编:《汇聚学术情缘——林耀华先生纪念文集》,北京:民族出版社,2005年,第214—224页。

③ 蓝林友:《义序与中国宗族研究范式》,载《广西民族学院学报》(哲学社会科学版)2001年第3期,第44—51页。

④ 王建民:《中国民族学史·上卷(1903—1949)》,昆明:云南教育出版社,1997年,第142—143页。

　　宗族乡村乃是乡村的一种。宗族为家族的伸展,同一祖先传衍而来的子孙,称为宗族,村为自然结合的地缘团体,乡乃集村而成的政治团体;今宗族乡村四字连用,乃揉取血缘地缘兼有的团体的意义,即社区的观念。①

　　《从人类学的观点考察中国宗族乡村》一文,不仅引证《义序宗族的研究》的内容,以拥护布朗所提倡的社区研究方法论②,也表明了他在乡村社区研究中继续前行的愿望和决心。1934 年至 1937 年间,林耀华曾两次返回家乡福建古田县谷口镇岭尾村③,运用社区研究方法,进行田野调查。其后,他以这两次调查所得材料为素材写成《金翼》一书,于 1944 年和 1947 年先后在美国和英国出版④。该书用小说的体裁,以黄村(东林家和芬洲家)两个家族的兴衰为线索,从农业、船运、商业、政治、法律、教育、民俗信仰等多重角度,描写和分析 19 世纪末至 20 世纪 30、40 年代中国乡村社会文化生活,从而说明人类行为的平衡,由人际关系的网络所组成;每一点都代表着单一的个体,而每个个体的变动都在这个体系中发生影响,反之他也受到其他个体变动的影响;人类为了保持均衡,通过不

---

　　①　林耀华:《从书斋到田野》,北京:中央民族大学出版社,2000 年,第 158—159 页。

　　②　林耀华:《从书斋到田野》,北京:中央民族大学出版社,2000 年,第 156—170 页;西泽治颜:《林耀华著〈从人类学的观点考察中国宗族乡村〉日译稿之解说》,沈田豪译,见庄孔韶主编:《汇聚学术情缘——林耀华先生纪念文集》,北京:民族出版社,2005 年,第 183—191 页。

　　③　这是调查地点真名。《金翼》出版时,按学术规则将之改为湖口镇黄村。参见西泽治颜:《林耀华著〈从人类学的观点考察中国宗族乡村〉日译稿之解说》,沈田豪译,见庄孔韶主编:《汇聚学术情缘——林耀华先生纪念文集》,北京:民族出版社,2005 年,第 183—191 页。

　　④　1944 年由美国纽约出版时,由太平洋关系研究所腊斯克(C. Lasker)作序,名为《金翼:一部家族编年史》(The Golden Wing-A Family Chronicle)。1947 年在英国伦敦出版时,作者对该书作了修订:副题改为"中国家族制度的社会学研究(A Sociological Study of Chinese Familism)";于原稿后增加了一章理论阐述;请英国著名社会人类学家弗思(R. Firth)作导论。参见林耀华:《金翼:中国家族制度的社会学研究》,庄孔韶、林宗成译,北京:生活·读书·新知三联书店,1989 年,"著者序"。

断调整内部关系以便彼此联系，但这种调整的能力很大程度上受到各种技术、行为、符号及习惯的影响；由于文化环境对人们交往联系的影响和干预，人际关系的均衡状态不可能永远维持下去，变化是继之而来的过程，人类生活就是摇摆于平衡与纷扰之间，摇摆于均衡与非均衡之间①。尽管学术界对于《金翼》褒贬不一②，但作者试图真实地再现 20 世纪 30 年代前后中国农村生活的情景，科学地认识这一自然经济社会的剖断面，追求真实性、历史性和理论性的结合。③ 书中包含着作者的亲身经验、作者家乡和家族的历史。"它是真实的，是东方乡村社会与家族体系的缩影；同时，这部书又汇集了社会学研究所必需的种种资料，展示了种种人际关系的网络——它是运用社会人类学调查研究方法的结果"④。诚如弗思所言，林耀华"通过叙述一小群人生活中的一系列事件对一个社会过程加以考察和解释。他只是偶尔对必须说的用抽象的语汇加以表达。但他非常成功地避免了很容易陷入的险境，即对某些默默无闻的中国农民的生老病死做冗长的记述。相反，他巧妙地设法将这一记述提高到具有真正社会学意义的水平，使几乎每一件事都成为东方农村社会某些进程的缩影"⑤。

《金翼》是林耀华"宗族乡村"研究的继续和发展。它与《义序宗族的

---

① 林耀华：《金翼：中国家族制度的社会学研究》，庄孔韶、林宗成译，北京：生活·读书·新知三联书店，1989 年，第 207—214 页。

② 如弗思（R. Firth）说《金翼》是一部以小说形式写成的社会学研究著作，就构思来说，它的主题非常简单，却像竹叶画一样，其朴素的形式掩映着高水平的艺术（见林耀华：《金翼：中国家族制度的社会学研究》，庄孔韶、林宗成译，北京：生活·读书·新知三联书店，1989 年，"英文版导言"第 1 页）。可利奇（E. Leach）却认为《金翼》运用的是小说，而非人类学的描写手法，是失败之作（见 Edmund. Leach, Social Anthropology, London and New York：Fontana. 1982，p127.）。

③ 林耀华：《著者序》，见林耀华：《金翼：中国家族制度的社会学研究》，庄孔韶、林宗成译，北京：生活·读书·新知三联书店，1989 年，第 3 页。

④ 林耀华：《著者序》，见林耀华：《金翼：中国家族制度的社会学研究》，庄孔韶、林宗成译，北京：生活·读书·新知三联书店，1989 年，第 2 页。

⑤ 林耀华：《著者序》，见林耀华：《金翼：中国家族制度的社会学研究》，庄孔韶、林宗成译，北京：生活·读书·新知三联书店，1989 年，第 2 页。

研究》既有联系,又有不同。两者所考察的地点皆为闽北福州方言区,相距不远,甚至《金翼》主人公东林的姓氏也是取自义序宗族的黄姓;调研时间均在 20 世纪 30 年代;所研究的内容都是从中国汉人乡村社会中的宗族或家族制度来展开,理论上都受功能主义影响。但《义序宗族的研究》所论述的是"异文化",而《金翼》所描述的是作者生于斯、长于斯的故土;《义序宗族的研究》所反映的内容基本局限于义序一地,而《金翼》具有更长久的历史连续性和更广阔的社会背景;前者的理论取向是功能主义,后者则融入了"均衡论";前者的写作手法是典型的学术论文形式,后者则是小说体裁;前者调查时间短,不够深入,而后者凝聚了作者作为"局内人"具有的对本文化的直觉理解,"它是先生厚积薄发之作,状写的是自己的家族与家乡。它用戏剧情节表现家族编年史,状写中国农民生活的细节,其翔实程度令人叹为观止"①。

从《义序宗族的研究》到《金翼》,林耀华以"宗族"为分析性概念研究中国乡村社会,影响深远。在 50、60 年代,英国社会人类学家莫里斯·弗里德曼(Maurice Freedman,1920—1975)为了在中国社会中寻找非洲 lingeage 模式的悖论,大量引用林耀华等人的中国宗族研究,写成《中国东南的宗族组织》和《中国宗族与社会:福建与广东》等著作,把中国宗族研究推向汉学人类学,在中国社会的人类学研究中,提出了一个类似于库恩(Thomas Kuhn)所界说的"范式"②。

林耀华的中国乡村社区研究不仅限于汉族社区,还包括对少数民族的社区研究。1943 年暑假期间,他深入川、康、滇三省交界的大小凉山地区,进行了深入的田野调查。以此调查为基础,写成《凉山彝家》一书,于1947 年由上海商务印书馆出版。林耀华之开展凉山彝家研究,为的是要将刚从国外学到的民族学理论和方法运用到中国少数民族社区,通过对

---

① 张海洋:《林耀华教授的学术生涯》,载《民族教育研究》2000 年第 2 期,第 34 页。
② 王铭铭:《社会人类学与中国研究》,北京:生活·读书·新知三联书店,1997 年,第 66 页。

凉山彝族的实地考察来推动当时方兴未艾的"民族学中国化"运动。① 因而《凉山彝家》在方法论上,主要是功能主义的。② 全书以功能的观点,通过区域、氏族、亲属、家族、婚姻、经济、阶级、冤家、巫术共 9 章的论述,全景式地向人们呈现了彝族社区的社会制度、经济生活、文化习俗等方方面面的内容,堪称社区研究法的典范之作。

如果说林耀华的中国乡村社区研究是从汉人的"宗族乡村"开始,而后拓展到少数民族社区研究的话,费孝通的中国乡村社区研究则是从少数民族开始的。自 1935 年 9 月开始,费孝通与新婚妻子王同惠到广西大瑶山地区,对当地瑶族进行实地调查。调查的内容包括两大部分:一是社会组织方面的调查,主要由王同惠负责;一是体质测量,主要由费孝通负责。此次调查原计划至 1936 年 2 月结束,不料 1935 年 12 月 16 日,他们在离开古陈村,奔赴罗运乡途中发生惨剧,王同惠和费孝通一死一伤,调查遂被迫终止。1936 年 6 月,费孝通先生在悲痛欲绝的心境里将部分调查所得整理成《花篮猺社会组织》一书,以王同惠女士遗著的名义发表,是为此次调查成果。这部以生命为代价的关于花蓝瑶的民族志,"从花蓝瑶的基本社会细胞家庭为出发点,把他们的政治、经济各方面生活作为一个系统进行了叙述"③。其理论取向具有浓烈的功能主义色彩。如对花蓝瑶情人制度的分析,着眼于该制度在花蓝瑶的生物基础上的意义及其在维持家庭组织固定性上的功效④;充分运用整体性分析方法发掘各种制度的意义或功能,最典型的是在分析花蓝瑶"堕胎和杀婴习俗"时,作者解释说:"这种习俗显然是对于现有瑶山处境的一种适应。瑶山水

---

① 林耀华:《凉山彝家的巨变》,北京:商务印书馆,1995 年,第 150 页。

② 沈家驹:《〈凉山彝家〉书评》,见庄孔韶主编:《汇聚学术情缘——林耀华先生纪念文集》,北京:民族出版社,2005 年,第 64—66 页;杨庭硕:《〈凉山彝家〉研究方法管窥》,见庄孔韶主编:《汇聚学术情缘——林耀华先生纪念文集》,北京:民族出版社,2005 年,第 67—74 页。

③ 《费孝通文集》第十二卷,北京:群言出版社,1999 年,第 471—472 页。

④ 王同惠:《广西省象县东南乡花篮猺社会组织》,载《广西省政府特约研究专刊》,1936 年,第 7 页。

田面积有限,开田极难,人口数目当不能任其自然增加。"① 由此可见功能主义理论对作者的影响是巨大的。但作者没有简单地套用功能学派的理论和方法,而是潜移默化地熔注入中华传统学风,使之更贴切地揭示各民族间的互动与影响。除了整体性分析之外,历史分析也是作者编写本书的基本方法。② 他从历史的角度考察瑶山各"族团"的关系,向人们展现了一幅复杂的"族团关系网络"图景,并由此关系网络分析预示了"诸族团"文化和社会组织可能发生的变化。③ 如此,便把花蓝瑶社区置于与外界其他族群的相互联系中来研究,克服了将之孤立、封闭起来考察的弊端。费孝通和王同惠的瑶山调查以它的悲壮和宝贵成就,被吴文藻称许为"给我们立下了社区研究的基石"④。

瑶山之成为费孝通社区研究的起点,是偶然,亦是必然。说偶然,是因为瑶山并不是费孝通夫妇最初计划中的调查地,他们原本打算选择靠近湖南和贵州的三江县实施他们的调查计划,只因到达柳州时,得知去三江途中有匪徒"起事作乱",他们才改变计划,来到瑶山。说是必然,乃是因为他们认识到,中国文化极其复杂,"不但地域上有不同文化形式的存在,就是在同一形式中,内容亦极错综","又正值激变之中,若不受相当训练,一时极难着手。在这种困难之下,使我们想到边境上比较简单的社区中去,开始我们的工作","边境社区的研究材料本身是认识中国文化的一部分极重的材料。现在遗留在边境上的非汉族团,他们的文化结构,并不是和我们汉族本部文化毫不相关的。他们不但保存着我们历史的人民和文化,而且,即在目前,在族团的接触中相互发生着极深刻的影响。

①　王同惠:《广西省象县东南乡花篮猺社会组织》,载《广西省政府特约研究专刊》,1936 年,第 2 页。

②　丁元竹:《费孝通教授瑶山调查的理论与方法》,载《广西社会科学》1992 年第 5 期,第 49—54 页。

③　王同惠:《广西省象县东南乡花篮猺社会组织》,载《广西省政府特约研究专刊》,1936 年,第 42—48 页。

④　吴文藻:《吴文藻先生导言》,见王同惠:《广西省象县东南乡花篮猺社会组织》,载《广西省政府特约研究专刊》,1936 年,第Ⅲ页。

这里供给着的不单是民族学的材料,亦是社会史的一个门径。至于这些材料对于实际边疆问题的重要,更不待我们申说了"。① 费孝通的远大理想和抱负是"想为研究社会的人贡献一个观点,为要认识中国社会的人贡献一点材料"②。所以,从瑶山到开弦弓村,从《花篮猺社会组织》到《江村经济》,在费孝通其实是一以贯之的事业。

《江村经济》是费孝通无心插柳的成果。他"拖着半残废的躯体,抚着爱妻的尸首,从瑶山里出来"③,于1936年暑假,来到姐姐所在的开弦弓村,被姐姐帮助村民建立生丝精制运销合作社,进行工业下乡的试验所吸引,遂一边调养身心,一边对村中农民的生产和生活进行调查,直至同年9月赴英留学。历时两个月的调查,得益于姐姐与村民的熟悉与亲密,费孝通获得了大量翔实的材料。赴英后,导师马林诺夫斯基敏锐地觉察到对开弦弓村的调查研究有可能掀起国际人类学界的一场变革,于是鼓励和指导他以这些材料为基础写成博士学位论文。这就是《江村经济》。1939年在伦敦出版时英文名是"中国农民的生活"(Peasant Life of China)。该书通过描述开弦弓村农民的消费、生产、分配和交易等体系,旨在说明这一经济体系与特定地理环境的关系,以及与这个社区的社会结构的关系,同时揭示正在变化着的乡村经济的动力和问题。④ 江村的调查研究使费孝通认识到:

强调传统力量与新的力量具有同等的重要性是必要的,因为中国经济生活变迁的真正过程,既不是从西方社会制度直接转渡的过程,也不仅是传统的平衡受到了干扰而已。目前形势中所发生的问题是这两种力量

① 王同惠:《广西省象县东南乡花篮猺社会组织》,载《广西省政府特约研究专刊》,1936年,第50—51页。

② 王同惠:《广西省象县东南乡花篮猺社会组织》,载《广西省政府特约研究专刊》,1936年,第49页。

③ 王同惠:《广西省象县东南乡花篮猺社会组织》,载《广西省政府特约研究专刊》,1936年,第49页。

④ 费孝通:《江村农民生活及其变迁》,兰州:敦煌文艺出版社,1997年,第9页。

相互作用的结果……这两种力量相互作用的产物不会是西方世界的复制品或者传统的复旧,其结果如何,将取决于人民如何去解决他们自己的问题。正确地了解当前存在的以事实为根据的情况,将有助于引导这种变迁走向于我们所期待的结果。①

他在书中提出了以下基本观点和主张:中国传统经济结构是农工混合的乡土经济,而不是纯粹的农业经济,乡村工副业如果崩溃,各种矛盾就会出现;西方工业扩张造成乡土工业崩溃,使传统经济潜伏的土地问题激化,打击了中国"地租"的基础,导致了严重的阶级冲突;解决中国的土地问题,第一步是改变土地制度,但根本的办法是恢复和发展乡土工业,而这是一个社会重组和转型的过程;中国工业化不能走西方国家的道路,要大力发展乡土工业,在农民"合作"的基础上,实现乡村手工业向现代工业的转变②。他敏锐地指出:

在现代工业世界中,中国是一名后进者,中国有条件避免前人犯过的错误。在这个村庄里,我们已经看到一个以合作为原则来发展小型工厂的实验是如何进行的。与西方资本主义工业发展相对照,这个实验旨在防止生产资料所有权的集中。尽管它遇到了很多困难甚至失败,但在中国乡村工业未来的发展问题上,这样一个实验是具有重要意义的。③

继江村研究之后,费孝通开展了云南三村的调查和研究。1938年10月,取得了博士学位的费孝通经越南河内辗转回到云南昆明,任云南大学教授,主持社会学研究室的工作。同年11月15日,他到昆明仅两个星

① 费孝通:《江村农民生活及其变迁》,兰州:敦煌文艺出版社,1997年,第212页。
② 钱灵犀:《一位中国智者的世纪思考》,见潘乃谷、马戎主编:《社区研究与社会发展——纪念费孝通教授学术活动60周年文集》(上),天津:天津人民出版社,1996年,第242—320页。
③ 费孝通:《江村农民生活及其变迁》,兰州:敦煌文艺出版社,1997年,第?? 页。

期,即奔赴距昆明约100公里的禄丰县,来到一个他取学名为"禄村"的村子进行调查。禄村调查所关注的问题是从《江村经济》中产生出来的。江村是一个受现代工商业影响较深、手工业比较发达的村庄。在江村,费孝通看到,当时农村手工业的崩溃、土地权的外流、农民生活的贫困化等问题,因而提出了用传统手工业的崩溃和现代工商业势力的侵入来解释以离地地主为主的土地制度的见解。但这种见解能否成立?费孝通觉得有必要考察一个受现代工商业影响较浅的农村,看它是否也会以土地权来吸引大量的市镇资金;农村土地权会不会集中到市镇而造成离地的大地主。禄村正是一个只有农业,手工业极不发达的村庄,"在禄村,我们可以看到一个差不多完全以农业为主要生产事业的内地农村结构"①。于是,在1938年11月15日至12月23日和1939年8月3日至10月15日,费孝通分率李有义和张之毅、张宗颖对之进行了两次实地调查,并于1940年1月写成《禄村农田》。通过调查研究,费孝通发现:

禄村经济结构的重心是在农田,它并没有手工业,因之现代工商业发达过程中对于它的影响是和江村不同的。都市兴起,人口集中,并不会减少禄村的收入,因为禄村向外输出的是农产物,农产物的价格会因都市人口的增加而提高的。禄村的金融不致像江村一般,受现代工商业的威胁,所以禄村土地权不致外流。②

因而指出:

在现代工商业的发展过程中,禄村所发生的问题,以我的推测,不在金融而是在劳力。都市固然不易来吸收禄村的资金和土地权,可是无疑地,要来吸收禄村的劳工。……劳力问题是禄村经济的关键,而且是造成

---

① 费孝通、张之毅:《云南三村》,北京:社会科学文献出版社,2006年,第12页。

② 费孝通、张之毅:《云南三村》,北京:社会科学文献出版社,2006年,第185页。

现有形态的主要因素。若是劳力吸收到了都市中去,禄村现有形态决不能维持于不变。①

从江村,费孝通看到了现代工商业对有比较发达手工业的中国东部农村的影响,而禄村调查,使费孝通看到了一种不同于江村的以农业为主的中国农村经济结构及其在现代工商业发达前期的一些征兆。那么,中国农村手工业的发展对土地制度有何影响? 现代工商业对中国农村手工业的影响如何? 传统手工业如何才能转化为现代工业? 为了进一步研究这些问题,费孝通支持和指导张之毅对以手工业为基础的易村和以农业和商业为基础的玉村进行了调查。易村土地权分配不均,拥有较多土地的人家,能够积累资金,可贫瘠的土地不易吸收这笔资金,这就逼着他们去寻找利用这笔资金的门路,于是发生了造纸的作坊工业。借张之毅对易村手工业的调查,费孝通阐述了乡村工业所占位置及其对土地制度的影响,以及如何使乡村工业发展成为现代工业的问题。

从乡村工业到都市工业是世界经济史上的普遍现象。可是在中国却另外还有一种新的意义。因为中国本国的都市工业,在西洋先进工业的压力下无法发展。我们关税不能自主,领海及内河航行权已送给外国,加上了历年来厘金特税的缚束,国外输入的工业品在市场上到处占着优势。……农业和工业在乡村中的联系,是人的生活把它们结住的。……若是都市的工业是在国内发展的,情形也许可以不同一些,因为新兴都市可以调剂乡村的经济需要。在中国不幸的是都市和乡村之间横着一道国界。整个的大趋势是中国经济的彻底农业化。……农业中国等于是个饥饿中国。把工业集中到了国外,或外资统治下的"孤岛"上,是剥夺我们广大民众的生活凭藉。手工业衰落的过程怎能不成为我们民族的一段伤心史。②

① 费孝通、张之毅:《云南三村》,北京:社会科学文献出版社,2006 年,第185—186 页。
② 费孝通、张之毅:《云南三村》,北京:社会科学文献出版社,2006 年,第205—206 页。

他认为,我们的新工业并不一定全部要集中在都市中,若是留一些可能留在乡村中的,设法限制不必需的集中,则都市工业和乡村工业就不致有尖锐的冲突了。"乡村工业是可以有前途的,可是有前途的乡村工业,却决不是战前那种纯粹以体力作动力的生产方式,也决不是每家或每个作坊各自为政的生产方法。除非乡村工业在技术上和在组织上变了质,它才能存在,才能立足在战后的新世界里。"①"用合作方式来组织的乡村工业,就可以避免……作坊工业成为集中土地权的魔手了。作坊工业成为集中土地权的魔手,是发生于两个原因:一是作坊工业有极限,工业里累积的资金,因为在少数人手里,不能在消费中用去,因之又得向土地中投去。二是一般农民生计的压迫,他们不能不借钱来维持生活,以致入了那只金融的魔手。作坊工业若是在合作方式中组织起来,则在这工业中所得到的利益,可以分散到一辈子需要钱用的农民手上,花在消费之中。他们生计既有了保障,也不必借钱了,这非但安定了工业,也安定了乡村里的土地问题。"②

而"玉村是一个靠近玉溪县镇的一个农村。玉溪县镇是云南中部的一个传统商业中心。它在土地制度上是从禄村到江村的过渡形式,在农业经营上具有靠近城镇的菜园经济的特点,在发展上正处在传统经济开始被现代经济侵入的初期阶段"③。玉村的调查研究蕴涵了费孝通关于中国农村与城市关系的思考。这种思考在其后出版的《中国绅士》中得到了较系统的阐发。他论述道,从近代中国历史可以判断得出,中国城市的发展似乎并没有促进农村的繁荣。相反,现代中国城市的兴起是和中国农村经济的衰落相平行的。"现在我们看到,现代城市的问题一方面是如何随着进口外国货的泛滥而发展;另一方面是日常必需品的大规模生产,剥夺了农村重要收入的来源。实际上,如果这些现代城市的发展激

---

① 费孝通、张之毅:《云南三村》,北京:社会科学文献出版社,2006 年,第 209 页。

② 费孝通、张之毅:《云南三村》,北京:社会科学文献出版社,2006 年,第 212 页。

③ 费孝通:《〈云南三村〉序》,见费孝通、张之毅:《云南三村》,北京:社会科学文献出版社,2006 年,第 5 页。

发了对农产品更大的需要,并且提高了农产品价格的话,就会刺激农业的繁荣,它就有可能像以前伤害过农村工业一样,来补偿农村工业。但是很不幸,这样的事实还没有发生。大城市人口的增加的确提高了人们对于食物的要求,但是农民拿不出更多的产品来,因为交通线非常缺少,人们已经发现从外国进口食物要比从地方上买便宜些。……经济不能发展,乡村的生活在日益恶化,普通人民被迫削减开支,只有勉强维持生活的必需品。……在一定程度上,城市中心和农村之间的对抗总是存在而且现在愈发强烈。如果将来不发生巨变的话,这种对抗会继续下去;这就是说,农村地区将继续处于经济上的不利地位。"①要改变这种"城镇破产,乡村原始化"的情况,农村和城市应该在生产和消费两方面互相补充。城镇和城市要成为能维持它们自身的生产中心,而不是继续剥削农村。从农民的观点来看,问题是要发展农村工业和特殊的农村经济作物,提高他们的收入。"最根本的是要把由一群寄生的消费者控制的传统城镇变成一个生产社区,人们在这里能够找到一些其他的收入来源,而不是靠高额土地租息和高额贷款利息。换句话说,主要的问题是土地改革。"②

"《云南三村》是从《江村经济》基础上发展出来的。《江村经济》是对一个农村社区的社会结构和其运作的素描,勾画出一个由各相关要素有系统地配合起来的整体。在解剖这一只'麻雀'的过程中提出了一系列有概括性的理论问题,看到了在当时农村手工业的崩溃、土地权的外流、农民生活的贫困化等等,因而提出了用传统手工业的崩溃和现代工商业势力的侵入来解释以离地地主为主的土地制度的见解。但是当时我就觉得'这种见解可否成立,单靠江村的材料是不足为凭的'。于是提出了类型比较的研究方法,就是想看一看'一个受现代工商业影响较浅的农村中,它的土地制度是什么样的? 在大部分还是自给自足的农村里,它是

---

① 费孝通:《中国绅士》,惠海鸣译,北京:中国社会科学出版社,2006 年,第 82—83 页。

② 费孝通:《中国绅士》,惠海鸣译,北京:中国社会科学出版社,2006 年,第 85—86 页。

否也会以土地权来吸收大量的市镇资金？农村土地权会不会集中到市镇而造成离地的大地主？'"①从江村到禄村，从禄村到易村，再从易村到玉村，费孝通以社区研究的方法，调查研究了不同类型的中国农村。然而，这只是他社区分析的第一步。他社区分析的第二步是比较研究，通过比较不同社区的社会结构，发现与之相配的原则，提出概念。1948 年由上海观察社出版的《乡土中国》即是他社区分析第二步的重要成果之一。正如他自己在该书的《重刊序言》中所说：

> 这本小册子和我所写的《江村经济》、《禄村农田》等调查报告性质不同。它不是一个具体社会的描写，而是从具体社会里提炼出的一些概念。这里讲的乡土中国，并不是具体的中国社会的素描，而是包含在具体的中国基层传统社会里的一种特具的体系，支配着社会生活的各个方面。它并不排斥其他体系同样影响着中国的社会，那些影响同样可以在中国的基层社会里发生作用。搞清楚我所谓乡土社会这个概念，就可以帮助我们去理解具体的中国社会。②

费孝通在江村、禄村、易村、玉村等村落社区研究的基础上，升华他对中国社会的认识。他认定中国社会的基层是乡土性的，其乡土性特征主要可归结为：(1)拖泥带水下田讨生活，和泥土分不开，受土地束缚；(2)安土重迁，人口流动率小，社区间往来疏少，各自保持着孤立的社会圈子，生活富于地方性；(3)乡土社会结构和人际关系是"差序格局"："以'己'为中心，像石子一般投入水中，和别人所联系成的社会关系，不像团体中的分子一般大家立在一个平面上的，而是像水的波纹一般，一圈圈推出去，愈推愈远，也愈推愈薄。"③；(4)在地方性的限制下形成的生于斯、死

---

① 费孝通：《〈云南三村〉序》，见费孝通、张之毅：《云南三村》，北京：社会科学文献出版社，2006 年，第5—6 页。

② 费孝通：《乡土中国　生育制度》，北京：北京大学出版社，1998 年，第4 页。

③ 费孝通：《乡土中国　生育制度》，北京：北京大学出版社，1998 年，第27 页。

于斯的社会,是"熟悉"的社会,没有陌生人的社会,这种社会从熟悉得到信任,法律无从发生,是"礼治"社会;(5)"在它的权力结构中,虽则有着不民主的横暴权力,也有着民主的同意权力,但是在这两者之外还有教化权力,后者既非民主又异于不民主的专制,是另有一工的。"①这可称为长老统治;(6)它是血缘社会,人和人的权利和义务是根据亲属关系来决定的,地缘不过是血缘的投影,血缘和地缘是合一的;(7)乡土社会变化缓慢,"注释是维持长老权力的形式而注入变动的内容。……注释的变动方式可以引起名实之间发生极大的分离"②;(8)"乡土社会是靠经验的,他们不必计划,因为时间过程中,自然替他们选择出一个足以依赖的传统的生活方案。各人依着欲望去活动就得了。"③

早年即追求"用社会科学知识来改造人类社会这个目的"④,立志要"认识中国社会,为中国社会尽力"⑤的费孝通,从不是"为了解而了解,为提出一些理论而去研究"⑥。他对中国乡土社会的研究,在实现从个别到整体,从描述到比较,从实地到通论的拓展和突破的同时,也在追求对社会实践的指导作用。中国应如何解决农村危机,顺利实现"农业文化和工业文化的替易"的思考,一直贯穿于江村、禄村、易村等研究之中,而此时,他开始在具体研究的基础上以"通论"形式系统地提出他对中国社会改革的设想和思路。1948 年出版的《乡土重建》论集,较集中表达了他对重建中国乡土社会的见解。

这本《乡土重建》继续《乡土中国》,加入观察社的观察丛书。这两本

① 费孝通:《乡土中国 生育制度》,北京:北京大学出版社,1998 年,第 68 页。
② 费孝通:《乡土中国 生育制度》,北京:北京大学出版社,1998 年,第 79—80 页。
③ 费孝通:《乡土中国 生育制度》,北京:北京大学出版社,1998 年,第 86 页。
④ 费孝通:《迈向人民的人类学》,见[美]辛格尔顿:《应用人类学》,蒋琦译,武汉:湖北人民出版社,1984 年,第 93 页。
⑤ 费孝通:《社会调查自白》,北京:知识出版社,1985 年,第 4—5 页。
⑥ 费孝通:《迈向人民的人类学》,见[美]辛格尔顿:《应用人类学》,蒋琦译,武汉:湖北人民出版社,1984 年,第 102 页。

集子虽则是同时写的,但性质上却属于两个层次。在《乡土中国》里,我想勾出一些中国基层社会结构的原则,接下去应当是更具体的把这结构,从各部分的配搭中,描画出一个棱角。关于这工作,我也在尝试。就是我在观察周刊所发表过的《从社会结构看中国》那一套,但是牵涉太广,一时还不能整理出一个样子。这里所做的其实是第三步工作,就是把这传统结构配入当前的处境里去看出我们现在身受的种种问题的结症,然后再提出一些积极性的主张来,希望有助于当前各种问题的解决。①

《乡土重建》主要围绕农村危机和工业化的问题展开论述。费孝通认为,沉重的赋税和劳役给农村以毁灭性打击,在租佃制下经营小农场的佃户,不能靠土地维持不饥不寒的生活,因而土地改革是解救农民最迫切的一步。但大量的土地租佃是中国农村凋敝的结果,而不是原因。中国农村的根本问题是人多地少,即使取消地租,一般农户也不能仅靠农业生活,乡土经济中的土地问题早已存在,以前之所以不爆发,是因为有乡土工业这道防线。中国从来就不是一个纯粹的农业国,一直存在着分散的乡土工业,它使得土地不足的农家可以依靠这些家庭工业的收入,维持生活。但近代西方机器工业对中国乡村工业的冲击,破坏了中国农村农工经济的有机配合。这是造成中国农村衰落的真正原因:"农工混合的乡土经济才能维持住传统土地制度,也维持了地主的收入。……西洋工业的侵入,打击了手工业,把中国乡村逐渐单纯农业化了,这时,土地不能同时养活地主和佃户的事实暴露了,形成日益严重的土地问题。"②因而,解决土地问题是乡土重建的一个前提,但土地改革只能缓解而不能从根本上解决农村危机,解决中国农村危机的根本办法是恢复和发展乡土工业。在书中,他入情入理地分析道:

① 费孝通:《乡土重建》,见《民国丛书》第三编·14·社会科学总论类,上海:上海书店,1948 年,第 144 页。

② 费孝通:《乡土重建》,见《民国丛书》第三编·14·社会科学总论类,上海:上海书店,1948 年,第 164 页。

关于分散在乡村里的工业在现代技术的应用上有它的限制,这一点我充分同意,……我的出发点却并不是"为了工业着想",而是"为了这三万万几千万的农民着想"。为农民着想,工业如果离开了乡村,试问他们从那条路上去提高他们的收入呢?主张工业集中在都市里的朋友们曾答复这问题:"他们可以离开乡村进城来当工人。"这句话是不错的,假如都市工业能很快的把乡村人口吸收到都市里去,使留在乡村里的农民能得到完全靠土地生产来维持生活的农场,这问题自然简单了。我们且不必希望每个农家能像美国那样有四五百英亩的农场,只求增加一倍土地,每家有十英亩的土地,都市就得收容近二万万的人口。如果能这样,中国将是世界上空前的都市化的国家了。我们的资本、资源、人才各方面全够不上这条件。①

他认为:

以往种种乡村建设的尝试,似乎太偏重了文字教育、卫生等一类并不直接增加农家收入的事业。这些事业并不是不重要,但是它们是消费性的,没有外力来资助就不易继续。要乡土在自力更生的原则中重建起来,一切新事业本身必须是要经济上算得过来的,所以乡土工业可能是一种最有效的入手处。②

所谓乡土工业包括下列几个要素:(一)一个农家可以不必放弃他们的农业而参加工业,(二)所以地点是分散在乡村里或乡村附近,(三)这种工业的所有权是属于参加这工业的农民的,所以应当是合作性质的,(四)这种工业的原料主要是由农民自己可以供给的,(五)最主要的是这

---

① 费孝通:《乡土重建》,见《民国丛书》第三编·14·社会科学总论类,上海:上海书店,1948 年,第 102 页。

② 费孝通:《乡土重建》,见《民国丛书》第三编·14·社会科学总论类,上海:上海书店,1948 年,第 168 页。

工业所得到的收益是能最广的分配给农民。①

它与传统的乡土工业不同。这不同不仅表现在现代技术的应用上，更表现在"合作性质"上。因而，乡土工业复兴是一个社会重组的过程。正因如此，在费孝通看来，"片面地强调西方的物质丰富，不适当地考虑社会关系的相应发展，同样是危险的。……中国的社会变化过程不应仅是对西方文化的移植，而应当是重组社会结构，使之与传承的和谐与统一的精神相一致。问题是这两种发展如何能并驾齐驱，这是解决中国目前混乱状态的关键。中国正处于严重的经济和政治的骚乱之中。这些骚乱的第一个症状是无确定目标的变革。除非中国将要灭亡，否则我们一定要在我们继承的数千年的历史经济中，找出自己的解决办法。"②他这种从乡土工业入手重建乡土的思想，无疑具有独到的创造性。徐勇在比较分析了毛泽东、梁漱溟和费孝通的乡土重建思想后，指出：

毛泽东和梁漱溟从整个中国发展的宏观角度看待乡土重建。毛泽东主张以制度革命的方式解决农村和农民问题，为乡土重建启开了大门。但是，乡土重建毕竟是现代化过程中乡村经济社会的转型。毛、梁由于将乡土重建视为中国发展的基础，赋予乡土重建以过多的政治文化意义，从而将具有浓厚传统农业文明色彩的乡土作为社会理想的源泉和典范，以至出现了一定程度的逆现代化倾向。费孝通主要是从乡村经济社会转型角度认识乡土重建问题，得以将先进的工业文明与传统农村本身所具有的社会潜力有机地结合在一起，使乡土重建不仅未脱离现代化轨道，而且成为现代化的重要组成部分，从而为乡土重建提供了一条理想而又现实

① 费孝通：《乡土重建》，见《民国丛书》第三编·14·社会科学总论类，上海：上海书店，1948年，第103—104页。

② 费孝通：《中国绅士》，惠海鸣译，北京：中国社会科学出版社，2006年，第100页。

的道路。①

　　费孝通以社区研究的方法，从微观到宏观提出概念，在实地调查中生发和创造通论，为乡土中国的研究作出了巨大贡献，他的研究方法也构成了"社会学中国学派"的特色。

　　除了林耀华、费孝通的研究之外，杨懋春1945年在美国出版的《一个中国村庄：山东台头》、田汝康1946年由商务印书馆出版的《芒市边民的摆》和许烺光于1948年在美国首版的《祖荫之下——亲属制度、人格和社会流动》等，也是社会人类学研究中国乡土社会的重要成果。他们与费孝通、林耀华等人一样，也是想通过一个个小地方的研究，认识中国这个大社会。由于他们西学背景深厚，很多研究成果都很快以西文发表，更重要的，他们借鉴却不套用西方人类学的前沿理论，而是从对中国乡村的实地研究提出本土理论，因而能够在与西方学术界的对话中，快速提升学术造诣。20世纪30、40年代中国社会人类学研究接近甚至达到了国际水平。

二、社区研究派的挫折与反思

　　20世纪50—70年代，由于众所周知的原因，中国大陆的社会学、人类学被判定为"资产阶级学科"而取消。期间虽有一些零星的社会人类学的乡村研究，如澳大利亚悉尼大学人类学系主任W.R.葛迪斯教授于1956年到江村进行了为期4天的访问调查，1963年发表了《共产党领导下的中国农民生活——对开弦弓村的再调查》②；1957年，费孝通重访江

---

①　徐勇：《现代化中的乡土重建——毛泽东、梁漱溟、费孝通的探索及其比较》，载《天津社会科学》1996年第5期，第68页。

②　［美］大卫·阿古什：《费孝通传》，董天民译，郑州：河南人民出版社，2006年，第199页；W.R.葛迪斯：《共产党领导下的中国农民生活——对开弦弓村的再调查》，见费孝通：《江村农民生活及其变》，兰州：敦煌文艺出版社，1997年，第349—464页。

村,写成《重访江村》于《新观察》1957 年第 11 期、第 12 期发表①,但大陆学者的乡村人类学研究几乎完全停止,海外学者由于无法进入中国大陆这个广阔的"田野",只能通过在香港、台湾或海外华侨社区开展田野工作,探究中国人的行为方式和文化观念,或借助以往的田野调查和历史文献来把握中国乡村社会。

正在此时期,海外社会人类学界对 20 世纪 30、40 年代"社会学中国学派"的乡村社区研究法进行了反思。反思的焦点是个别村落社区的微型研究能否或如何概括中国国情。

英国社会人类学家利奇(Edmund Leach)对中国乡村社区研究概括中国国情的意图和可能性不以为然。他认为:"这种研究没有,或者不应自称代表任何意义上的典型。它们也不是为了阐明某种一般的论点和预设的。它们的意义在于它们本身。"②但这显然有悖于费孝通等人通过微型社区研究认识中国的本意或理想。费孝通在后来与利奇进行"缺席的对话"时就说:

> 我也同意,解剖一个农村本身是有意义的,所以是有趣的。但我必须老实说,我的旨趣并不仅限于了解这个农村。我确有了解中国全部农民生活,甚至整个中国人民生活的雄心。调查江村这个小村子只是我整个旅程的开端。因此如果 Edmund 看法是正确的,就是从个别不能概括众多,那么我是走入了死胡同了。所以我必须正视 Edmund 所指出的问题,并在实践中证明他的看法是似是而非的。从个别出发是可以接近整体的。③

与利奇不同的是,英国人类学家莫里斯·弗里德曼(Maurice Freedman)和美国人类学家施坚雅(G. William Skinner)等人虽然也指出

---

① 费孝通:《重访江村》,见费孝通:《江村农民生活及其变迁》,兰州:敦煌文艺出版社,1997 年,第 227—251 页。

② Edmund. *Leach*,*Social Anthropology*,London and New York:Fontana. 1982,p127.

③ 《费孝通文集》第 12 卷,北京:群言出版社,1999 年,第 45—46 页。

以 20 世纪 30、40 年代中国乡村社区方法难以理解整个中国,但他们并没有完全否定社区研究在认识中国中的作用,在反思过程中,他们实际上把主题转换成为乡村社区研究如何概括中国国情的问题。

弗里德曼对 20 世纪 30、40 年代中国乡村社区研究的反思,肇因于他无法到中国大陆对他的研究对象作田野调查的困境。作为一位汉学人类学家,他对中国的研究是从研究新加坡华侨社区开始的。20 世纪 50 年代,他将注意力从东南亚华侨转向中国东南部的宗族组织。但由于当时政治气候的影响,他无法进入中国大陆开展田野调查,所以他于 1958 年出版的《中国东南的宗族组织》并非以第一手田野调查材料为基础写成,而是借助前人的田野调查材料,结合历史文献写成的作品。他在该书前言一开始就交代得很清楚:

> 本书是社会人类学作品,但不是建立在田野调查基础上的研究。它研究的是中国问题,却不是由汉学家来撰写的。为了解释为什么我要冒险写一本关于中国的书,必须追溯到我作为一个田野人类学家曾经研究过的课题。1949 年和 1950 年,在殖民地社会研究院(Colonial Social Science Research Council)的资助下,我完成了对生活在新加坡殖民地的华人家庭与婚姻的课题研究。在从事这一课题研究以及随后的岁月中,就我在新加坡调查得来的材料和阅读用欧洲语言写作的关于福建、广东两省汉人社会性质的作品,我一直在思考它们的重要性。起初激起我兴趣的是这两个省份是东南亚华人的故乡,但是,我后来发现这些材料可以说明具有一般社会意义的问题。如果政治和学术环境允许,我可能早已去了中国东南地区,对我感兴趣的问题进行第一手的研究;然而,事实证明,广东对于我来说,只是惊鸿一瞥,那只是 1955 年在香港和澳门所作的一次飞行旅游时所看到的。①

---

① [英]莫里斯·弗里德曼:《中国东南的宗族组织》,刘晓春译,上海:上海人民出版社,2000 年。"前言"第 1 页。

他还不无遗憾地说：

中国的乡村社会将很可能变得令人难以认识。假如中国在这些情况发生之前允许田野调查，我们将运用第一手材料进行写作，以此反思摇椅上的人类学家所进行的研究。否则，本书的结论很显然肯定是尝试性的。①

然而，在无奈与遗憾之余，弗里德曼意识到，"对于研究过去的汉人社会还有文献的材料尚未被充分地利用，……与福建和广东环境有关的地名词典和其他书籍能够告诉我们许多有必要知道的事实"。② 通过这一研究，他进而感悟到，"通过历史学研究和社会学田野作业，在现代政治和亲属研究的框架内，汉学家和人类学家应该能够全面地研究中国东南的宗族组织"③。这一感悟为他后来对中国乡村社区研究的反思埋下了伏笔。

1962 年，弗里德曼在皇家人类学会上发表了题为"社会人类学的中国时代"的演讲。在这次演讲中，弗里德曼将自己在困境中研究中国社会的实践和感悟升华为一种方法论的反思。他对以费孝通为代表的"现代中国社会学派"的方法论提出了质疑和批评，说：

马林诺夫斯基在费研究中国农民的书的序言中写道，"现代中国社会学派的方法论基础"是坚实可靠的。"通过熟悉一个小村落的生活，我们犹如在显微镜下研究可以看到中国的缩影"。而后，马林诺夫斯基向

----

① ［英］莫里斯·弗里德曼：《中国东南的宗族组织》，刘晓春译，上海：上海人民出版社，2000 年。"前言"第 2 页。
② ［英］莫里斯·弗里德曼：《中国东南的宗族组织》，刘晓春译，上海：上海人民出版社，2000 年。"前言"第 2 页。
③ ［英］莫里斯·弗里德曼：《中国东南的宗族组织》，刘晓春译，上海：上海人民出版社，2000 年，第 178 页。

我们呈现了对费今后工作的期望,包括有朝一日"广泛综合他自己和同事的著作,为我们展示一幅描绘中国文化、宗教和政治体系的综合性图景"。确实,费后来写了一些论述他自己社会本质的概论性文章,但他未能实现他老师为他描绘的规划。只要他受三十年代的人类学理念支配,他就不可能实现。他的专业技能狭窄地局限于村庄。当然,他也对工厂和其他非农事物感兴趣,但他对这些事物的研究未如他的英国老师所期待的那样增强他的能力。①

他还指出:

费孝通的微型社会学做得非常好,如果没有了他的书,我们对于中国社会的知识将大大贫乏。但他认为,他对村庄的理解,配以他对自己社会的激进官员式的目光,给了他了解中国社会奥秘的特别路径。依我看来,他的判断有误,因为他缺乏足够的中国历史知识以及对它更广阔制度框架的透彻理解。我想,费的错误说明人类学专注于小型社区潜藏有一种风险:这个风险在于以为熟悉地方社区就能全面理解一个社会。②

弗里德曼认为,对中国社会的研究虽存在着把人类学从原始部落研究拓展至文明社会的潜能,但中国社会与传统人类学研究的原始部落存在着根本的不同,它是一个历史悠久、社会高度分化的"有历史的文明社会"。在这样一个复杂社会里,社区不是社会的缩影。在研究小型、简单的原始部落基础上形成的功能主义社区研究方法,根本不足以反映其社会事实和特点。因而,像马林诺夫斯基等人那样以为,简单地把功能主义的社区研究方法"移植"到中国社会研究中,在不同村落社区中反复实

①　Maurice. Freedman, "A Chinese Phase in Social Anthropology", *British Journal of Sociology*, Vol. 14, No. 1, Mar., 1963. p. 3.

②　Maurice. Freedman, "A Chinese Phase in Social Anthropology", *British Journal of Sociology*, Vol. 14, No. 1, Mar., 1963. pp9 - 10.

施，便可以理解整个中国社会，是错误的。社会人类学者不能用村落研究的数量"堆积出"一个中国来。唯有把注意力放在社会整体之上，借鉴历史学和社会学研究文明史和大型社会结构的方法和成果，走出社区，在较广阔的空间跨度和深远的时间深度探讨社会运作机制，才能真正理解中国。[1]

施坚雅反思中国乡村社区研究的思路历程却又不同于弗里德曼。它缘起于自己在中国的一次田野调查经历。1949 年夏天，施坚雅在四川进行村庄人类学的田野调查。当时的人类学家尚未开始注意城市，大部分人集中精力于研究小型原始社会，虽有少数学者将注意力转到农业社会，但亦仅限于研究村庄。然而，他在四川调查时却发现，当地大型村庄很少，大都是由集市联系在一起的小村落。于是他放弃了调查一个百来户村庄的预定计划，转而重点考察一个包括两千五百来户既分散又有联系的从属于集市的经济区域。这项研究拓展了他的视野，使他超越孤立地研究个体村庄的局限，而注重于探索一个范围更大的地域内部社会经济结构的性质。[2]

1964—1965 年间，施坚雅根据自己 1949—1950 年在四川的实地调查，发表《中国农村的市场和社会结构》系列论文，明确地向以村落社区研究中国社会的人类学传统方法提出了挑战：

> 研究中国社会的人类学著作，由于几乎把注意力完全集中于村庄，除了很少的例外，都歪曲了农村社会结构的实际。如果可以说农民是生活在一个自给自足的社会中，那么这个社会不是村庄而是基层市场社区。……农民的实际社会区域的边界不是由他所住村庄的狭窄的范围决定，而是由他的基层市场区域的边界决定。[3]

---

[1] Maurice. Freedman, "A Chinese Phase in Social Anthropology", *British Journal of Sociology*, Vol. 14, No. 1, Mar., 1963. pp1 - 19.

[2] [美]施坚雅主编：《中华帝国晚期的城市》，叶光庭等译，北京：中华书局，2000 年，"中文版序言"第 9 页。

[3] [美]施坚雅：《中国农村的市场和社会结构》，史建云、徐秀丽译，北京：中国社会科学出版社，1998 年，第 40 页。

在施坚雅看来,村落社区不是中国的缩影,真正意义上的"中国"是宏观经济区域及其内部所包容的活动与变迁规律及其所体现出来的国家力量与社会经济力量的并存。[①]"传统中国社会中处于中间地位的社会结构,既是行政体系和市场体系这两个各具特色的等级体系的派生物,又纠缠在这两个体系之中。"[②]因而,施坚雅在研究中国农村社会结构时,力图摆脱传统人类学对中国乡村的专注,把关注点拓展到了村落以外的集镇和经济网络。他强调,要理解中国,必须以区域中的市场级序为中心开展研究。基于此,施坚雅在考察农村人民公社运动时慧眼独到地指出:

建立公社的目的之一在于限制和缩小传统社会联系的有害的本位主义。这方面,共产党的计划者们当然面临着一个困境,其双重困难在高级社的形成过程中已经为人们所熟知。当集体化单位建制与自然社会系统相一致时,其组织任务被大大简化,因为传统的纽带可用以加强新单位的团结,但在同时,由于这些纽带对于现代化组织的性质和目标不相适应,组织任务又被复杂化了。另一方面,当集体化单位建制横切或包裹自然系统时,固然获得了超脱传统关系制约的优点,但很自然地又面临着加倍的严重缺点,尤其是必须建立组织力量和加强团结,而这不仅要从头开始,而且要面对各部分自然群体的相互对抗的忠诚。[③]

他认为,公社于1958—1961年面临的许多重大困难在相当大的程度上根源于在大多数情况下它们是被迫进入的那个大得怪诞的模子,尤其是根源于没有把新的单位与由农村贸易所形成的自然社会经济系统结合

---

① 王铭铭:《社会人类学与中国研究》,北京:生活·读书·新知三联书店,1997年,第135页。
② [美]施坚雅主编:《中华帝国晚期的城市》,叶光庭等译,北京:中华书局,2000年,第55页。
③ [美]施坚雅主编:《中华帝国晚期的城市》,叶光庭等译,北京:中华书局,2000年,第154页。

起来。公社的成功组织至少受到表现在两个层面的本位主义的阻挠,一个层面是基层市场共同体,另一个层面是村庄。在1959—1961年间,"本位主义"妨碍、阻挠并打败了干部们超出基层市场系统的范围组织集体化单位的努力。到1960—1961年,干部们重新关注自然社会系统的持久意义,并开始寻求利用传统的团结来为他们自己的组织目标服务的途径。1961—1963年,农村人民公社内部进行了多方面的再调整:公社被再分为与基层市场系统相接近的单位,在公社内部从三个层次来组织生产,努力把小队、大队和公社的系统嫁接在农村生活的古老根基上。如此看来,"对集体化也好,对市场也好,共产主义者们不得不接受既定的传统结构,不得不在它们呆滞的力量之上进行建设,不得不通过它们向着建成社会主义社会的机构努力。如果传统的中国村庄因此而以生产大队的形式被相对完整地引入现代世界,那么,基层市场共同体却以更为复杂的形式表现出它的持续性。因为,……在传统的市场共同体限定了共产党为农村改革所选择的手段的同时,农村改革又不可避免地非常确实地反过来赋予它们以新的形式"①。

三、社区研究派的复兴

受弗里德曼和施坚雅等人影响,新老社会人类学者深入思考社区如何反映中国的问题。于是,中国乡村社区研究的新探索开始了。我国香港和台湾于60年代中期开放之后,很快被西方学者想象为中国社会之"代用品"或"实验室"。② 大批欧美人类学家纷至沓来,云集港台地区开展田野调查,写出了不少村庄民族志作品,如波特(Jack. M. Potter)的《资

---

① [美]施坚雅主编:《中华帝国晚期的城市》,叶光庭等译,北京:中华书局,2000年,第172页。

② 王建民、张海洋、胡鸿保:《中国民族学史·下卷(1950—1997)》,昆明:云南教育出版社,1998年,第273页。

本主义与中国农民——一个香港村庄的社会经济变迁》、裴达礼（Hugh D. R. Baker）的《一个中国宗族村庄：上水》、华琛（James L. Watson）的《移民与中国宗族——文氏在香港与伦敦》、葛伯纳（Bernard Gallin）的《新兴》、马杰莉·沃尔夫（Margery Wolf）的《林家》、戴瑙玛（Norma Diamond）的《鲲身，一个台湾渔村》、焦大卫（David Jordan）的《神、鬼与祖先》、孔迈隆（Myron Cohen）的《合家与分家》、郝瑞（Steven Harrell）的《犁头村》、桑高仁（Steven Sangren）的《一个中国社区的历史与魔力》等。① 这些作品多表现出不同以往的研究旨趣和方法。受欧美人类学家及其作品的影响，台湾社会人类学的乡村社区研究蔚然成风，并通过学术本土化讨论和科际整合研究的实践探索着"研究村落，超越村落"的途径②。

中国大陆于 20 世纪 70 年代末对外开放之后，前来开展乡村调查研究的海外社会人类学者络绎不绝。如曾于 1975—1978 年间通过对移居香港的陈村村民的访谈，深入了解毛泽东时代陈村的政治和经济生活，并于 1984 出版了《陈村：毛泽东时代一个中国农村社区的近代历史》的陈佩华（Anita Chan）、赵文词（Richard Madsen）和安戈（Jonathan Under），在 1988—1989 年间来到陈村做实地考察，采访村民，调查陈村在邓小平时代的变迁，于 1996 年推出了增订本《当代中国农村历沧桑：毛邓体制下的陈村》。③ 萧凤霞（Helen Siu）在 1977—1986 年间对新会县环城公社进行多次调查，于 1989 年出版了《华南的代理人与受害者》。弗里曼（Edward Friedman）、毕克伟（Paul G. Pickowicz）和赛尔登（Mark Selden）在 1978—1987 年间共 18 次到河北省饶阳县五公村等进行调查，于 1991 年出版了《中国乡村，社会主义国家》。波特夫妇在 1979—1985 年间多次到东莞

---

① 孙庆忠：《海外人类学的乡土中国研究》，载《社会科学》2005 年第 9 期，第 122—128 页；王建民、张海洋、胡鸿保：《中国民族学史·下卷（1950—1997）》，昆明：云南教育出版社，1998 年，第 282 页。

② 王建民、张海洋、胡鸿保：《中国民族学史·下卷（1950—1997）》，昆明：云南教育出版社，1998 年，第 266—303 页。

③ 陈佩华、赵文词、安戈：《当代中国农村历沧桑——毛邓体制下的陈村》，孙万国、杨敏如、韩建中译，香港：Oxford University Press（China）Ltd.，1996 年，第 1—8 页。

市茶山镇开展集镇和村落调查,于 1990 年出版了《中国农民:革命的人类学》。黄树民于 1984—1985 年间到福建林村进行田野调查,1989 年出版了《林村的故事:1949 年后的中国农村变革》。这些调查研究不仅刺激了大陆乡村社区研究的复苏,而且以其新理念、新方法、新成果促进了中国乡村社区研究的创新发展。

而中国大陆的本土学者,自 20 世纪 70 年代末 80 年代初人类学社会学恢复以来,立足中国社会现实,积极借鉴国外理论,大力开发学术传统,努力在本土化和国际化的结合中创造特色,实现创新。中国乡村社区研究的传统因之得到了继承和发展。1981 年,重获学术生命不久的费孝通为准备他赴英接受英国皇家人类学会 1981 年赫胥黎纪念奖章的演讲,三访江村。以后,又不断重访,并指导学生在村里做调查。在费孝通等老一辈社会人类学家的鼓励、支持和推动下,80 年代中期开始,村庄民族志研究已在福建、上海、江浙、华北等地逐步展开。90 年代之后,乡村社区调查风起云涌,村落民族志犹如雨后春笋。折晓叶的《村庄的再造——一个超级村庄的社会变迁》、《社区的实践——超级村庄的发展历程》、王铭铭的《社区的历程》、《村落视野中的文化与权力》、庄孔韶的《银翅》、牛凤瑞的《一个华北自然村落》、毛丹《一个村落共同体的变迁——关于尖山下村的单位化的观察与阐释》、阎云祥的《礼物的流动——一个中国村庄中的互惠原则与社会网络》、《私人生活的变革:一个中国村庄里的爱情、家庭与亲密关系 1949—1999》、于建嵘的《岳村政治——转型期中国乡村政治结构的变迁》、吴毅的《村治变迁中的权威与秩序——20 世纪川东双村的表达》等不胜枚举的村落社区研究,与海外学者对乡村中国的研究,汇成 20 世纪 80 年代以来中国村落研究的新热潮,成为中国社会人类学研究的新亮点。

不论是中国学者,还是外国学者,不论是在大陆还是在台湾或香港做田野调查和研究,20 世纪 60 年代之后的中国乡村社区研究,绝大多数都不再将村庄当作中国的缩影,而是将注意力集中在村庄与作为"中国"的关系上,致力于建构一个能够把具体的村落研究升华为对中国乡村乃至整个中国社会的认识的分析框架。建构此分析框架的方式或途径当然多种多样，但努力的方向无非是在时空的纵横中将村庄社区与"中国"相勾连。

中国台湾的社会人类学者自 20 世纪 70 年代以来，主要通过"祭祀圈"、"信仰圈"、"方言群"或"族群"的研究，建构"市场体系范式"、"祭祀圈范式"、"婚姻市场理论范式"和"区域性文化变异范式"等，将小社区与整个乡镇甚至更大的范围联系起来。他们所开展的"浊大计划"、"闽台计划"等项目不仅研究范围超出了农村聚落，而且在方法上强调了文字史料的重要性，促成了社区研究与汉学、史学等多学科的结合。① 社区研究的创新，带来了理论的突破。我国台湾社会人类学家提出的"从周边看汉人的社会与文化"理论②，从某种意义上说，便是在把社区与大社会联系起来研究的过程中提炼出来的，如今这一理论在汉人社会与文化研究中发挥着巨大影响。

在 20 世纪 50、60 年代遭受汉学人类学质疑和批评费孝通先生，其实毕生都在探寻勾连村庄与"中国"的框架。如果不是由于历史的原因，致使费孝通等人中断了乡村社区研究的工作，并与国际学术界失去联系，或许就不会有弗里德曼等人的"反思"。因为早在 20 世纪 40 年代，费孝通已经意识到了村落社区研究的局限，并积极地开始了探索。继江村的调查研究之后，他有意识地选择不同类型的村庄进行调查，形成了《云南三村》，该书的英文名称就是《中国内地农村的三个类型》（Three Types of Village in Interior China）。在随后出版的《乡土中国》的中，他初步提出了

---

① 庄英章：《汉人社会研究的若干省思》，载《中央研究院民族学研究所集刊》1996 年第 80 期，第 27—35 页；庄英章：《历史人类学与华南区域研究——若干理论范式的建构与思考》，载《历史人类学学刊》2005 年第 3 期，第 155—169 页。张珣、江灿腾：《当代台湾宗教研究导论》，北京：宗教文化出版社，2004 年，第 210—237、485—502 页；王建民、张海洋、胡鸿保：《中国民族学史·下卷（1950—1997）》，昆明：云南教育出版社，1998 年，第 287—303 页。

② 黄应贵、叶春荣主编：《从周边看汉人的社会与文化》，台北：中央研究院民族学研究所，1997 年。

以"格式"概念突破村落社区研究的思路：

社区分析的初步工作是在一定时空坐落中去描画出一地方人民赖以生活的社会结构。在这一层上可以说是和历史学的工作相通的。社区分析在目前虽则常以当前的社区作研究对象，但这只是为了方便的原因，如果历史材料充分的话，任何时代的社区都同样可作分析对象。

社区分析的第二步是比较研究，在比较不同社区的社会结构时，常会发现每个社会结构都有它配合的原则，原则不同，表现出来结构的形式也不一样。于是产生了"格式"的概念。①

到 20 世纪 80 年代，复出的费孝通开始在理论和实践上回应弗里德曼等人的质疑和批评。他从自己在 20 世纪 40 年代的社区研究实践中升华出"类型比较法"，希望借此超越具体村落社区研究，达成对中国农村的认识。他在 1987 年为《云南三村》重版所作的序言写道：

我明白中国有千千万万的农村，而且都在变革之中。我没有千手万眼去全面加以观察，要全面调查我是做不到的。同时我也看到这千千万万个农村，固然不是千篇一律，但也不是千变万化，各具一格。于是我产生了是否可以分门别类地抓出若干种"类型"或"模式"来的想法。我又看到农村的社会结构并不是个万花筒，随机变化出多种模样的，而是在相同的条件下会发生相同的结构，不同的条件下会发生不同的结构。条件是可以比较的，结构因之也可以比较的。如果我们能对一个具体的社区，解剖清楚它社会结构里各方面的内部联系，再查清楚产生这个结构的条件，可以说有如了解了一只"麻雀"的五脏六腑和生理循环运作，有了一个具体的标本。然后再去观察条件相同的和条件不同的其他社区，和已有的这个标本作比较，把相同和相近的归在一起，把它们和不同的和相远

---

① 费孝通：《乡土中国　生育制度》，北京：北京大学出版社，1998 年，第 91—92 页。

的区别开来。这样就出现了不同的类型或模式了。这也可以称之为类型比较法。

应用类型比较法,我们可以逐步地扩大实地观察的范围,按着已有类型去寻找条件不同的具体社区,进行比较分析,逐步识别出中国农村的各种类型。也就由一点到多点,由多点到更大的面,由局部接近全体。类型本身也可以由粗到细,有纲有目,分出层次。这样积以时日,即使我们不可能一下认识清楚千千万万的中国农村,但是可以逐步增加我们对不同类型的农村的知识,逐步综合,接近认识中国农村的基本面貌。①

可是,费孝通也十分清楚地意识到"类型比较法"虽不失为认识中国农村的一种方法,却不足以认识中国社会和文化。费孝通在 1996 年所撰《重读〈江村经济·序言〉》一文中,对此进行了理论阐述:

直到 80 年代,我第二次学术生命开始时,才在总结过去的实践中,清醒地看到了我过去那种限于农村的微型研究的限度。我在 60 年代提出的"类型"概念固然可以帮助我解决怎样去认识中国这样的大国对为数众多、结构不同的农村的问题。但是后来我明白不论我研究了多少类型,甚至把所有多种多样的类型都研究遍了,如果把所有这些类型都加在一起,还不能得出"中国社会和文化"的全貌,因为像我所研究的江村、禄村、易村、玉村等等的成果,始终没有走出"农村社区"这个层次的社区。整个"中国文化和社会"却不等于这许多农村所加在一起的总数。农村不过是中国文化和社会的基础,也可以说是中国的基层社区。基层社区固然是中国文化和社会的基本方面,但是除了这基础知识之外还必须进入从这基层社区所发展出来的多层次的社区,进行实证的调查研究,才能把包括基层在内的多层次相互联系的各种社区综合起来,才能概括地认识"中

---

① 费孝通:《〈云南三村〉序》,见费孝通、张之毅:《云南三村》,北京:社会科学文献出版社,2006 年,第6—7 页。

国文化和社会"这个庞大的社会文化实体。用普通所熟悉的现成概念来说就是中国文化和社会这个实体必须包括整个城乡各层次的社区体系。①

所以,1982年之后,他把社区研究领域从农村扩大到小城镇,把小城镇看成城乡结合部,进行深入调查研究,提出了"模式"的概念。其实,在费孝通所倡导的中国特色的现代化道路中,发展小城镇是题中应有之意。费孝通在20世纪30、40年代通过社区研究所提出的中国现代化道路,归纳起来就是,中国实现现代化必须工业化,但中国的工业化必须走工业下乡,使工业与散布在全国各地的传统手工业、商业结合起来的道路,通过发展乡土工业、乡土重建,使城乡经济协调发展。不言而喻,发展小城镇是这一中国特色现代化道路中的重要环节。只是由于当时费孝通所说的"乡土重建"的前提——土地制度改革和"一个为人民服务的政府",都不存在,他为中国现代化所做的设想和规划难以成为现实。因而,对小城镇问题的研究尚未展开。20世纪70年代末80年代初,复出后的费孝通高兴地看到,自己的设想和规划有望成为现实。当时,中国农民正通过副业、工业走向富裕。特别费孝通所设想的"乡土工业"正以社队企业、乡镇企业的形式蓬勃发展。1970年全国有社办企业47400家,创造产值26.6亿元,加上队办企业产值40亿元,1970年全国社队企业共创造产值66.6亿元②。1970年后的五年,社队企业的产值以年均24%的速度增长,1975年达到197.8亿元③。从1975年到1978年,全国社队工业每年分别创造产值234亿元、303亿元、435亿元和493亿元,平均每年增长28.6%。④ 1976年,全国社队企业100多万家。到1978年超过150万

---

① 费孝通:《重读〈江村经济·序言〉》,见马戎、周星主编:《田野工作与文化自觉》(上),北京:群言出版社,1998年,第22页。

② 张毅:《中国乡镇企业:艰辛的历程》,北京:法律出版社,1990年,第21页;马三杰等编:《当代中国的乡镇企业》,北京:当代中国出版社,1991年,第47页。

③ 张毅:《中国乡镇企业:艰辛的历程》,北京:法律出版社,1990年,第21页。

④ 张毅:《中国乡镇企业:艰辛的历程》,北京:法律出版社,1990年,第23页;马三杰等编:《当代中国的乡镇企业》,北京:当代中国出版社,1991年,第56—59页。

家,94.7%的公社和78.4%的大队拥有自己的工业企业,共有农村工人2800多万,占农村劳动力9.5%,公社和大队收入的30%来自社队企业。① 进入80年代,乡镇企业年均增长率高达29%。"这种乡镇企业以巩固、促进和辅助农业经济为前提,农副工齐头并进,协调发展,开创了农村不断繁荣的新局面。这种工业化的道路,从具体历史发展来看,并不是从理论上推论出来的结果,而是农民群众在实际生活中自己的创造。"②费孝通把农民群众的这一创造形象地称之为"草根工业",充分地予以肯定和赞许,积极地为之推广发展奔走鼓呼:

与西方工业革命的历史相对照,草根工业无疑是中国农民的一个了不起的创举。西欧工业的发生,一股出自城市侵入农村的力量把农村作为工厂的猎地,农民变成工业发展的猎物。而中国的农民却发出一股自身内在的动力,驱使他们去接受工业。他们有力量冲破资本主义工业发展初期的老框框,他们根据自己的生活需要去改变工业的性质,让工业发展来适应自己。在草根工业中,农民表现了充分的主动性,这不是当今中国社会的一大特点吗?③

将来的历史学家也许会指出发展乡镇企业这一条工业化的道路确实是具有中国特点的创造。它是从农民的草根上长出来的工业,不像早年西方工业化那样曾引起工农矛盾和城乡矛盾。相反地在中国这一条工业化道路上见到的是工农相辅、城乡协作。农民自己办的工业不仅富裕了千家万户,而且促进了小城镇的发展,使从农业里释放出来的劳力在工业里变成了巨大的生产力,而且截留了大量人口,使他们不向大中城市集中,正在形成中国人口分布的新格局。④

乡镇企业的发育是一个很生动的过程。这是一个农村里商品经济的

---

① 马三杰等编:《当代中国的乡镇企业》,北京:当代中国出版社,1991年,第58页。
② 《费孝通文集》第9卷,北京:群言出版社,1999年,第353—354页。
③ 《费孝通文集》第10卷,北京:群言出版社,1999年,第318页。
④ 《费孝通文集》第10卷,北京:群言出版社,1999年,第474页。

生长过程。自给自足的小农经济商品流动数量和范围极小，往往采取日中为市的赶集的方式。工业下乡后情况基本上起了变化，工业品需要广阔的市场，从低级到高级，从小规模到大规模，从国内到国外。农业经济纳入了商品经济，农村的小细胞已成为世界总体的组成部分。乡镇企业的发展促进中国市场的发展，具有极深刻的历史意义。①

这是一条具有中国特色的工业化道路。它和西方资本主义初期工业化的路子不同。它对农业不发生破坏作用，它对农民不产生贫穷化的后果。相反的，它是在农业现代化和农民日益富裕中走出来的路子。……如果我们着眼于这支新从农业里转来的工人队伍，就能看到他们在中国社会主义现代化道路上特有的作用。他们不仅在劳动上没有脱离农业，在生活上没有脱离乡村。他们作为城乡结合的具体纽带，深入到每个作为社会细胞的乡村家庭。如果说，社会前进的目标之一是消灭城乡差别，他们正是在消灭这个差别上起着现实的促进作用。通过他们，现代的科学技术将被带进农业，通过他们现代先进的精神文明将在一向比较闭塞的乡村里生根开花。在这个意义上说，他们确实是当前中国社会前进的原动力。……现代工业化可能是人类共同得经历的历史路程，但是怎样才能使工业化为人民群众带来幸福，却是各国人民得自己按各自的具体条件探索的课题。我们中国人正在按社会主义的原则创建自己现代化的国家。②

我的任务，首先是指出正在发生中的乡镇企业的重要性。……它将缓和人口问题，它将使中国大城市不致过分膨胀，它将使我们的乡村生产力大大提高，它将使我们的人民能够享受前所未有的繁荣。……关于乡镇企业的发展、关于它们的成就和问题，我所写的东西传播很广。这些著作事实上给实际做这些事的人、给直接卷入小工业的农民，提供了一种支持。当他们读到我所写的关于他们正在做的事情时，他们体会到他们正

①《费孝通文集》第12卷，北京：群言出版社，1999年，第309页。
②《费孝通文集》第9卷，北京：群言出版社，1999年，第86—87页。

在做着某种从全面看是非常重要的事情。他们逐渐认识到他们正在做的事情超过简单地为自己赚钱,实际上他们正在建设新的中国。①

与此同时,费孝通也敏锐地洞察到,农村主导经济结构的变化正急剧地改变着中国社会关系格局,在草根工业的推动下,农村生产的商品化快速提高,多种经营发展所带来的流通、消费问题凸显出来,必须对农村商品生产发展的重要载体、联结农村与城市的市镇展开研究。诚如胡耀邦1980年赴云南视察后所提出的,要发展商品经济,小城镇不恢复是不行的。要使农村里面的知识分子不到大城市里来,不解决小城镇问题就难以做到。如果我们的国家只有大城市、中城市,没有小城市,农村里的政治中心、经济中心、文化中心就没有腿。② 所以,费孝通果断地把研究的主题从农村转移到推动农村发展的小城镇上来。

1982年11月13日,费孝通在江苏省政协、民盟江苏省委、江苏省社会科学院、江苏省社会科学联合会联合举办的报告会上作了《小城镇在四化建设中的地位和作用》的讲话,称:"我们过去的研究还只是在以一个农村作单位的水平上。……我们感到不能停留在这个水平上了。应该进一步看到,农村发展之后,必然会产生一个商品集散中心,也就是市镇。我们感到农村不能一个一个独立地发展,它必须依靠许多农村一齐发展,并形成一个中心,这个中心就是我们都知道的市镇。"③"我们深深觉得有必要进行一次综合性的小城镇调查研究,包括精神文明、物质文明,诸如政治、经济、文化,各种体例、规章制度,都应全部综合起来看一看,理理清。……这是个相当艰巨而又相当有意义的课题。"④

同年12月19日,费孝通又在全国城市发展战略学术讨论会上发表《谈小城镇研究》的讲话,提出:"有一个比农村问题更高一层的问题,

①　《费孝通文集》第11卷,北京:群言出版社,1999年,第187页。
②　《费孝通文集》第9卷,北京:群言出版社,1999年,第198页。
③　《费孝通文集》第8卷,北京:群言出版社,1999年,第460页。
④　《费孝通文集》第8卷,北京:群言出版社,1999年,第466页。

即……小城镇问题。"①"……过去农民不大生产商品,没有个为它服务的流通渠道,问题还不大。现在可不行了,他们的生产在商品化,那就要有相应的市场,他们富裕了,要买消费品,村子里供销社供应不上了。他们需要可以选择的市场。……许许多多服务行业合在一起就构成了一个为一大片农村服务的中心了。所以从农村经济的发展来看,小城镇是不可缺少的中心。"②"我们必须看到这种小城镇在社会主义现代化建设中的地位和作用。它正是城乡的纽带,是城乡发展的必要环节。不仅如此,它又是一个调节城乡人口的蓄水库。……我们现在人口布局的台阶相差太大。大城市在千万上下,中等城市在百万到几十万,下面都是一两万的小城镇,再下去就是几千、几百人的农村了。台阶差距太大,发展小城镇就可以在苏州那一级50万上下的城市下面有一个新的5万人上下的台阶。现在大城市不能再扩大了。1000万人的城市实在不容易管理好。50万人上下的中等城市也在告急,所以对大中城市的控制,我认为是完全必要的。但是要控制大中城市谈何容易。门是关不住的。控制要在外面做文章。要使得人口不向大中城市挤,甚至可以吸引一部分大中城市的居民出城来。……这是个人口蓄水库,把农村里剩余的劳动力利用起来,而且留住他们不要向大城市冲击,这不是当前最合理的人口政策么?"③以往"人们较容易注目于像北京这样的大城市,可是对星罗棋布、和亿万农民直接发生关系的小城镇在我们社会主义现代化建设中的地位和作用,却常常被忽略,所以我下决心要对这个课题作较透彻的研究"④。

总而言之,费孝通之所以认为小城镇是中国社会发展中的大问题,是因为他敏锐地意识到,星罗棋布的小城镇对于改变农民的社会经济状况,对于搞活整个中国的经济,对于缓解社会矛盾具有重要意义,是最大多数中国农民真正走向富裕的合适选择,是合乎国情的中国特色的都市化

---

① 《费孝通文集》第8卷,北京:群言出版社,1999年,第489页。
② 《费孝通文集》第8卷,北京:群言出版社,1999年,第499页。
③ 《费孝通文集》第8卷,北京:群言出版社,1999年,第501—502页。
④ 《费孝通文集》第8卷,北京:群言出版社,1999年,第494页。

道路。

欧洲工业化初期,在集中于都市里的机器工业兴起的同时,农村都濒于破产,农民失去土地,不得不背井离乡涌进城市,充当新兴工业的劳动后备军。西方国家现代工业的成长是以农村的萧条和崩溃为代价的。这是西方工业化的道路。在当前历史条件下,中国是绝没有可能走这条道路的。不能想像上亿的农民,拥入城市来发展工业。中国要工业化只能走一条迥然不同的道路。农民在农业繁荣的基础上,以巨大的热情兴办集体所有制的乡镇工业。这种乡镇工业以巩固、促进和辅助农业经济为前提,农、副、工齐头并进,协调发展,开创了农村繁荣兴盛的新局面。这种工业化的道路,从具体历史发展来看,并不是从理论上推论出来的结果,而是农民群众在实际生活中自己的创造。①

因此,1983 年,费孝通发表《小城镇大问题》一文,为小城镇的类别、层次、兴衰、布局和发展研究点题,将小城镇研究推向深入。

费孝通清楚地知道,小城镇研究是一个长期的研究课题。他是从自己家乡江苏南部的吴江开始他的小城镇研究的。在调查中,费孝通很快发现,吴江小城镇的发展各有不同类型,小城镇的兴起各有不同条件和原因。那么,吴江及周边地区良好的发展态势和经验对中国其他地方意味着什么? 1984 年后,费孝通把调研的视野从苏南扩大到了苏北。先后发表《对苏北地区乡镇企业及小城镇发展的几点看法》、《小城镇——苏北初探》等文。苏北的乡村工业化程度明显比苏南低,小城镇兴起的步伐也较苏南慢。起初,费孝通以为这只是由于起步先后不同引起的差距。但他很快意识到,各地区由于客观条件不同可能走上不同的经济发展道路:

① 《费孝通文集》第 12 卷,北京:群言出版社,1999 年,第 306—307 页。

苏北的起点与苏南不同,苏北在中央1号和4号文件之后,出现了个体专业户和联合专业户的迅速发展,……苏南则是一起步就是集体搞,集体的力量大。所以两地积累的方式不同,苏北集资搞商店、办工厂的力量就不如苏南大;信息、运输、销售和技术方面也比不上苏南,而且还可能承担不起将会遇到的风险。①

苏北乡镇工业起步较慢,而且将在农业大丰收的基础上发展起来,所以它所走的道路不可能重复苏南早期所走过的路。②

在这种条件下,费孝通提出了"苏南模式"的概念:

在苏南地区,城市工业、乡镇企业和农副业这三种不同层次的生产力浑然一体,构成了一个区域经济的大系统。这是一个在社会主义制度下农村实现工业化的发展系统,展现了"大鱼帮小鱼,小鱼帮虾米"的中国工业化的新模式。当然,对这个系统内各部分之间联系的细节还有待进一步研究,然而系统中各个部分的不同作用是明显的。从苏南地区的实际来看,这一区域经济系统已具雏形,各自发挥自己应有的作用。所谓区域经济系统,是指一种在特定的地域范围内才具有它意义的经济模式,一旦越出区域,发展模式就会改变。在常州市的金坛县和南通市的如皋县,可以明显感到它们已是上海经济区的边缘地带,因为那里的经济发展已具有许多不同于整个苏南地区模式的特点。③

1986年,费孝通来到当时备受争议的温州地区,看到了农村经济繁荣发展的又一种路径——"小商品,大市场"。他将之概括为"温州模式"。

① 《费孝通文集》第9卷,北京:群言出版社,1999年,第371页。
② 《费孝通文集》第9卷,北京:群言出版社,1999年,第420页。
③ 《费孝通文集》第9卷,北京:群言出版社,1999年,第359页。

温州原来也是个穷地方,人多地少,单靠农业连温饱都难以维持。当地农民大批到外地去打零工,卖手艺,如木匠、裁缝、修鞋、弹棉花等。一时浙江人满天飞,远到边区的小镇上都有他们的足迹。这些人省吃俭用,把在外地挣得的钱寄回家乡积累起来,成了后来温州一带发展家庭工厂的启动资金,然后通过广大的运销网络出售家庭作坊的产品,形成了"小商品、大市场"。我把这个发展方式称作"温州模式"。①

"温州模式"提出了一个不同的结构。这个地方的工业主要是家庭经营的小型工业,这些家庭工业是靠个体商贩发展起来的。温州人均只有半亩地,不可能靠农业维持他们的生活,必须靠"劳务输出",个体劳动者出去在外靠本领,靠手艺养活自己的一家人口。劳动输出在浙江是积累资金的一条主要渠道。有了本钱和市场办起了小型工业,就是以家庭为单位的个体企业。这和从公社及生产队起家的集体性质的乡镇企业不同。②

温州之行使费孝通的小城镇研究进入了一个新阶段。此后,他更加有意识地进入到不同模式的比较研究中。继"温州模式"之后,费孝通还提出了"民权模式"③、"珠江模式"④等,模式的概念也在此过程中不断清晰和深化。正如他自己所说:

自从我接触到了"珠江模式"后,我对发展模式的概念又有了深化,在多少带有一种静态意味的"因地制宜,多种模式"上加了个"随势应变,不失时机"的动态观点。⑤

---

① 费孝通:《农村、小城镇、区域发展——我的社区研究历程的再回顾》,载《北京大学学报》(哲学社会科学版)1995年第2期,第7页。

② 《费孝通文集》第11卷,北京:群言出版社,1999年,第103页。

③ 《费孝通文集》第11卷,北京:群言出版社,1999年,第103页。

④ 《费孝通文集》第11卷,北京:群言出版社,1999年,第485—494页。

⑤ 《费孝通文集》第11卷,北京:群言出版社,1999年,第488页。

模式这个概念的产生和发展反映了我们在这十年观察范围的逐步扩大，比较方法的逐步深入和观点的逐步提高。我们对小城镇这个研究对象，从模糊的一般印象里分出了类别，又从它的发展路子中分出了模式，更从各模式本身的变动中观察到它们共同的发展方向。这些都表示了我们研究工作在不断创新，不断前进，对我们想认识的对象日益清楚明确。①

马林诺夫斯基的功能学派认为，一个理论或一种研究方法是否站得住，要以实际社会效益来衡量和裁决。费孝通所提出的各种模式，并不只是一种理论，而且是一种行为导向，其目的在于从具体的社会现象中找寻现实问题的解决途径。② 事实上，"模式"的概念，作为研究人文世界的有效工具，不仅可以充实社会人类学的方法论，而且在解决中国社会发展问题中发挥了重大作用。

费孝通的小城镇研究，从小城镇里为中国社会变革找寻到一种生动的组织集体行动模式，很快引起政府重视，从实践中提升出来的理论转变成为决策和实践，为推动中国现代化建设事业发挥了重大作用。李铁映对此曾有评说：

费孝通先生关于"小城镇"的研究受到了中央领导的高度重视，也为推动中国农村工业化和城市化发挥了很大作用。我在80年代读了费先生的《小城镇大问题》这篇文章后，更加感到中国完全有可能在实现工业化、城市化的时候，走出一条不同于西方所走过的道路，也完全有可能依靠中国社会主义的优点和传统文化的优点，在小城镇的基础上集中乡镇企业和农村的一些传统优势，形成星罗棋布的各有特色的小城镇这样一种结构和布局，来实现中国的工业化、城市化……在改革初期通过实行家

---

① 《费孝通文集》第12卷，北京：群言出版社，1999年，第209页。
② 李友梅：《费孝通与20世纪中国社会变迁》，上海：上海大学出版社，2005年，第75页。

庭联产承包责任制解放了农村生产力,农业生产得以迅速发展。在这种情况下,费先生这篇文章极富远见地提出了小城镇发展在今后中国现代化道路中的地位和作用,发挥了社会学研究对社会发展的重要作用。①

费孝通曾经说过,他一生的学术研究有两条主线:一是乡村研究,二是民族研究。复出后的费孝通依然秉持自己的追求,在开展从农村到城市的社区研究的同时,关注着从东部到西部的全国协调发展的问题。在1982年至1984年间,费孝通的活动几乎全部集中在江苏省境内的小城镇调查研究上。1984年结束了对江苏的初步调查后,他的研究重点跳出了江苏。一路是沿海南下,经浙江、福建到两广;一路是进入边区,从东北过内蒙古入甘肃、青海,并访问了新疆和宁夏。此外还在沿海和边区之间中部地区的河南、湖南和陕西了解一些情况。到1988年底的足足四年多里,他穿梭东西,奔走南北,开阔了视野和思路。他忧心于日益突出的东西部发展差距,在行行重行行的调查中,逐渐认识到经济发展具有区域的基础。各区域不同的地理条件包括地形、资源、交通和所处区位等自然、历史和人文因素,都具有促进和制约其经济社会发展的作用,因而不同地区在经济发展上可以有不同特点,具有相同地理条件的地区有可能形成在经济发展上有一定共同性的经济区域,这些区域又可能由于某种经济联系而构成一个经济圈。于是,他从小城镇研究进入了区域发展研究,形成了"全国一盘棋"的区域发展思路。② 在《小城镇研究十年反思》一文中,费孝通袒露了他走上区域发展研究的心路历程:

我从《江村经济》开始的农村调查发展到小城镇研究,可说是上了一个台阶。但是,我在小城镇研究里却被当时正在突起的那股异军吸引住了。一直跟着它颠簸万里,走南闯北,几乎遍及全国各省。我在《行行重

---

① 李铁映:《社会学大有作为》,载《社会学研究》2000年第4期。
② 《费孝通文集》第11卷,北京:群言出版社,1999年,第478—516页。

行行》里写到的基本是描述各地走上乡镇企业这条路的各种"模式"。即便限于这个小小的研究领域,已经把我所说的"十块钱"花光了。直到乡镇企业从草根长成了森然大树,总算起来已超过了我国国民生产总值的半壁江山时,我才停下来,举目四望,看到了全国这盘棋,东强西弱,沿海勃兴,中部萎顿,边区瘦弱——那种梯度倾斜局面,不觉心神难安,又被为求实现共同繁荣的目标,吸引到了区域发展这个课题上,大有身不由己之感。①

1988 年,费孝通在内蒙古和大西北作了社会调查后,提出了"黄河上游多民族开发区"的设想:

这个开发区包括从青海的龙羊峡至内蒙古的托克托段黄河上游沿岸地区,正处在西藏、新疆和内蒙古、宁夏四个民族自治区的中心。这个中心可以利用黄河上游的落差,建立一系列的水电站。再利用这巨大的能源,开发黄河两岸的矿产。制成的原材料,不仅可以支援沿海工业地区,而且可以用来发展西部地区的中小型加工企业,分散在各乡各村,使千家万户都富裕起来。这个中心地区工业的发展需要广大市场。这个市场首先应当是西部的牧区,也就是三面围绕着这中心的四大少数民族自治区。西部牧区的发展成为广阔的市场正是这个多民族开发区能繁荣起来的一个重要条件。我们有条件可以利用这条介于牧区和农区之间的走廊地带,发展畜产品和工业品之间的贸易。……如果多民族开发区建成了工业基地,就可以用加工后的生活日用品和发展牧业所需的生产资料去向牧区交换畜产品,从而促进牧业生产,把国土 1/3 的广大草原的巨大潜力发挥出来。②

1989—1990 年间,费孝通又陆续提出了"南岭瑶族协作区"的动议③

---

① 《费孝通文集》第 11 卷,北京:群言出版社,1999 年,第 225 页。
② 《费孝通文集》第 11 卷,北京:群言出版社,1999 年,第 511—512 页。
③ 《费孝通文集》第 11 卷,北京:群言出版社,1999 年,第 447—454 页。

以及"黄河三角洲开发区"、"长江三角洲开发区"等建议。①

1991 年后,费孝通将注意力转至各区域协调发展上。他相继深入西北、西南和东北,开展区域协调发展的调查,研究这些区域协调发展的问题,提出了沿海岸线北移经渤海湾进入东北地区,建立参与发展东北亚经济的基地,以及沿欧亚大陆桥建立经济走廊的设想。②

如此,从村落社区研究开始的费孝通,又从小城镇研究延伸到经济区域研究,通过"模式"和"区域发展"的概念,将村落社区与小城镇、经济区域联系起来,走出了社区研究,基于他"志在富民"的心愿,基于他对中国经济社会结构的理解和中华民族悠久的历史文化的"反思"和"自觉",基于中华民族复兴的展望,在广泛的实地调查的基础上,中国的现代化即为乡土中国向现代中国的转变勾画了一幅"全国一盘棋"的区域发展的宏伟蓝图。

现如今,社区研究派依然健步走在认识中国的道路上。在中国乡村社区研究的新探索中,"国家与社会"分析框架被广泛运用。如《文化、权力与国家——1900—1942 年的华北农村》以国家权力与区域—地方权力网络糅合的模式,解释了华北农村 20 世纪前半叶的历史进程③;《中国农民:革命的人类学》着眼于国家对农民和社会结构的影响,对华南茶山 20 世纪 40 年代至 80 年代的社会历程深入考察,阐述了毛泽东时代基层社会运转机制、中国人的情感社会建构、婚姻与家庭、计划生育、共产党的道德和组织原则、社会分层、城乡差别、集体经济的瓦解、联产承包责任制的实施及招商引资等过程④;《当代中国农村历沧桑:毛邓体制下的陈村》描

---

① 费孝通:《农村、小城镇、区域发展》,载《北京大学学报》(哲学社会科学版)1995 年第 2 期,第 4—14 页。

② 费孝通:《农村、小城镇、区域发展》,载《北京大学学报》(哲学社会科学版)1995 年第 2 期,第 4—14 页。

③ [美]杜赞奇:《文化、权力与国家——1900—1942 年的华北农村》,王福明译,南京:江苏人民出版社,1994 年。

④ S. H. Potter and J. M. Potter, *China's Peasants: The Anthropology of a Revolution*, Berkeley: Cambridge University Press, 1990.

述了国家与社会互动背景下陈村近40年的变迁①;《华南的代理人与受害者》考察了国家权力下沉农村社会并建立行政控制的过程②;《中国乡村,社会主义国家》通过对河北五公村的考察,探讨了中国共产党在战争时期和胜利后在华北农村所推行的一系列改革对农村社会和农民的影响③;《林村的故事》通过描述林村党支部书记叶文德的人生经历,分析了中国农村社会变迁过程中国家对村落政治文化的改造④。还有国内学者的《村落视野中的文化与权力:闽台三村五论》⑤、《岳村政治——转型期中国乡村政治结构的变迁》⑥和《村治变迁中的权威与秩序——20世纪川东双村的表达》⑦等,他们分析的主轴都是通过审视"国家"力量如何影响"社会","社会"如何回应冲击,从而将小村庄与大国家串联了起来。

"文化过程"、"社区史"等研究方法兴起,成为中国乡村社区研究新探索的重要方法。例如,自20世纪80年代以来,科大卫(David Faure)、陈其南、萧凤霞(Helen Siu)、陈春声、刘志伟、郑振满、蔡志祥等中外历史学家和人类学家合作在珠江三角洲、香港、潮汕和闽南等地区对明清历史进行批评性的反思研究,形成了一个历史人类学的"华南学派"。这个学派以"文化过程"或"文化实践"研究方法关注平民史、日常生活史和当地

---

① 陈佩华、赵文词、安戈:《当代中国农村历沧桑——毛邓体制下的陈村》,孙万国、杨敏如、韩建中译. 香港:Oxford University Press(China)Ltd. ,1996年。

② Helen F. Siu,*Agents and Victims in South China*,Yale:Yale University Press. 1989.

③ 弗里曼、毕克伟、赛尔登:《中国乡村,社会主义国家》,陶鹤山译. 北京:社会科学文献出版社,2002年。

④ 黄树民:《林村的故事:1949年后的中国农村变革》,素兰、纳日碧力戈译. 北京:生活·读书·新知三联书店,2002年。

⑤ 王铭铭:《村落视野中的文化与权力:闽台三村五论》,北京:生活·读书·新知三联书店,1997年。

⑥ 于建嵘:《岳村政治——转型期中国乡村政治结构的变迁》,北京:商务印书馆,2001年。

⑦ 吴毅:《村治变迁中的权威与秩序——20世纪川东双村的表达》,北京:中国社会科学出版社,2002年。

人的想法,对过往的精英史、事件史和国家的历史权力话语持批评态度①。在具体的研究中,他们把个案的、区域的研究置于对整体历史的关怀之中,注意从中国历史的实际和中国人的意识出发理解传统中国社会历史现象,从不同地区移民、拓殖、身份与族群关系等方面重新审视传统中国社会的国家认同,又从无时不在、无处不在的国家制度和国家观念出发理解具体地域中"地方性知识"与"区域文化"被创造与传播的机制。在追寻区域社会历史的内在脉络时,特别强调"地点感"和"时间序列"的重要性②。随着该学派高水平研究成果日益丰硕,影响与日俱增,其研究方法愈来愈受学术界的关注和重视。

王铭铭的《社区的历程——溪村汉人家族的个案研究》是运用"社区史"方法开展村落社区研究的代表作之一。③ 为了避免30、40年代社区民族志的"无时间性"和社会达尔主义"宏大历史叙事"的"无地方感",把村庄社区与时间和空间广阔的国家与社会关系史勾连起来,该书试图采用一种社区史的叙述框架,提供闽南村庄与超越社区的国家与社会力量之间关系的历史视野④。尽管曾有历史学家对该书提出尖锐批评⑤,该书亦确有田野资料难以支撑其与西方理论"对话"的明显不足,然作者采用历时性的叙述架构,将溪村的社区历程与中国大历史联系起来进行阐述,不仅"超越"了村落的空间,而且"充实"了"村落的历史"⑥,诚为一

①　张小军:《历史的人类学化和人类学的历史化——兼论被史学"抢注"的历史人类学》,载《历史人类学学刊》2003年第1期,第1—28页。

②　陈春声:《走向历史现场》,见张应强:《木材之流动:清代清水江下游地区的市场、权力与社会》,北京:生活·读书·新知三联书店,2006年,第Ⅰ—Ⅶ页。

③　王铭铭:《社区的历程——溪村汉人家族的个案研究》,天津:天津人民出版社,1997年,第5—9页。

④　工铭铭.《走在乡土上——历中人类学札记》,北京:中国人民大学出版社,2003年,第24页。

⑤　曹树基:《中国村落研究的东西方对话——评王铭铭〈社区的历程〉》,载《中国社会科学》1999年第1期,第119—133页。

⑥　刘朝晖:《超越乡土社会:一个侨乡村落的历史文化与社会结构》,北京:民族出版社,2005年,第17页。

种难能可贵的探索。英国社会人类学家王斯福(Stephan Feuchtwang)对该研究评价说:"社会结构、经济组织、规则和权威的包罗万象的形成在过去一直是社会学和人类学的主要研究对象。不过,在社会学和人类学的论述中,很少包容结构形式的转型和改造过程。溪村的研究提出了在结构的研究中包容历史过程的观点。在这里,'历史学'意味着对结构转型过程的研究。结构变迁的过程不是简单的单线历史。溪村的个案研究不仅是一个村落历史的叙说,它的漫长而广博的故事告诉我们许多社会形态如何在同一社区的获得自我表现的方式。这些社会形态是大的政治、经济、文化系统背景下产生的,而且在不同的时代以不同速度变化。"[1]"江村的研究已成为模式,溪村也可以被作为模式对待。当然,在其他的个案研究中,可能发现不到溪村的制度,因为在中国其他地方家族和节庆可能不如溪村流行。不过在中国和中国以外的地区,历史的写作可以采用溪村的模式。"[2]王斯福的评价是否公允,姑且不论,溪村的研究对于中国乡村社区研究的启迪作用是不容忽视的。

综而观之,社区研究派从社区研究中国乡村变迁的动力和过程。这一传统在 20 世纪 50、60 年代经历过挫折和反思之后,得到了传承和发展。学者们为实现研究村落、认识中国的学术追求,在突破功能主义的"封闭性社区整体论"和"无历史"局限的努力中,造就了中国乡村社区研究的新特点和趋势,使之在认识和改造中国乡村社会的实践中,发挥了不可替代的作用。

---

① 王铭铭:《社区的历程——溪村汉人家族的个案研究》,天津:天津人民出版社,1997 年,"序"第 2 页。

② 王铭铭:《社区的历程——溪村汉人家族的个案研究》,天津:天津人民出版社,1997 年,"序"第 3 页。

第五章　马克思主义者的初步探索

在反帝国主义运动上争取民族独立,在反封建势力运动上变更土地关系,是中华民族复兴的出发点,同时也是中国农村复兴的出发点。

——钱亦石①

农民不但不当单独进行其解放而亦不能单独进行其解放。中国现在是半殖民地的国家,压迫他们的不但是地主而且有帝国主义资产阶级;其在城市又有先进的革命的无产阶级之存在,从革命的客观条件来说,从社会阶级的成分来说,农民只有与无产阶级结坚决之同盟而受其领导,然后才能执行反帝与土地革命的工作,才能彻底地扫除社会上一切的剥削关系,才能获得真正的解放。

——许涤新②

中国的主要人口是农民,革命靠了农民的援助才取得了胜利,国家工业化又要靠农民的援助才能成功,所以工人阶级应当积极地帮助农民进行土地改革,城市小资产阶级和民族资产阶级也应当赞助这种改革,各民主党派各人民团体更应当采取这种态度。……我们

---

① 钱亦石:《中国农村的过去与今后》,见陈翰笙、薛暮桥、冯和法编:《解放前的中国农村》第一辑,北京:中国展望出版社,1985 年,第 512 页。

② 许涤新:《动荡崩溃底中国农村》,见陈翰笙、薛暮桥、冯和法编:《解放前的中国农村》第一辑,北京:中国展望出版社,1985 年,第 454 页。

的国家就是这样地稳步前进,经过战争,经过新民主主义的改革,……在各种条件具备了之后,在全国人民考虑成熟并在大家同意了以后,就可以从容地和妥善地走进社会主义的新时期。

——毛泽东[1]

俄国十月革命一声炮响,给中国送来了马克思主义。为"救亡图存",寻求出路,中国早期一些马克思主义理论家、实践家以马克思主义的立场、观点为指导,开展了以认识中国农村社会、改造农村社会为目标的调查研究和实践活动,为马克思主义这一产生于西方的社会学说的"中国化"作出了不可磨灭的贡献。1949 年之前,马克思主义者对中国乡村的理论探索与实践可分为两部分:一是马克思主义理论家在国统区所作的调查研究和理论探索;一是以马克思主义为指导思想的中国共产党领导人、革命家在根据地开展理论探索和实践活动。前者以陈翰笙、薛暮桥、冯和法、吴半农、千家驹、许涤新、钱亦石等"中国农村派"学者为代表,后者以毛泽东及其战友为代表。中华人民共和国成立后,以毛泽东为代表的中国共产党人以马克思主义中国化的阶段性成果——毛泽东思想为指导,开展了一系列轰轰烈烈的中国农村社会改造活动,中国乡土重建进入新的时期。

一、"中国农村派"的理论探索

陈翰笙、薛暮桥、冯和法、吴半农、千家驹、许涤新等马克思主义取向的学者,之所以被称为"中国农村派",是因为他们经常在《中国农村》杂志上发表文章表述自己的观点。《中国农村》由中国共产党地下党员陈

---

① 毛泽东:《做一个完全的革命派》,见《建国以来毛泽东文稿》第一卷,北京:中央文献出版社,1987 年,第 415—416 页。

翰笙组织成立,并由中国共产党秘密领导的群众性学术团体——中国农村经济研究会主办①。陈翰笙(1897—2004)是一个受过完整的欧美教育的共产党人。他1915年出国留学,先后在美国波莫纳大学、芝加哥大学和德国柏林大学获历史学学士、硕士和博士学位。1924年学成回国,任教于北京大学,受李大钊等共产党人的影响,加入中国共产党。1927年大革命失败后,被迫流亡苏联,在苏联国际农民运动研究所从事研究工作,开始关注农村和农民问题。自苏联回国后,获蔡元培先生支持,任中央研究院社会科学研究所副所长职务。② 其时,因应中国向何处去的思考和探索,关于中国社会性质、中国社会史和中国农村社会性质的论战正在中国思想学术界如火如荼地开展,为了具体地研究中国社会性质,他组织社会学组,开展了一系列的农村经济调查,如1929年7—9月,他组织了一个45人调查团,对无锡55个村落、8个农村市场进行了调查;1930年5—8月,他组织了一个68人调查团,对保定清苑县11个村庄2119户农民进行了重点调查,72个村庄和6个农村市场进行了概况性普查;1931年11月至1934年5月,他组织了对广东梅县、潮安、惠阳、中山、广宁、英德、曲江、茂名等16个县和番禺10个典型村1209户的调查,以及50个县335个村的通讯调查;他还组织了安徽、河南、山东烟农的调查,及黄河、长江、珠江三江流域和杭嘉湖20个县近100个村的调查③。从1929年至1934年间,陈翰笙所领导的农村调查团足迹遍及大半个中国。这些调查所采取的方法是马克思主义的。如调查时的农户分类方法,与

① 薛暮桥:《给刘少奇同志写的报告——关于白区乡村和中国农村经济研究会的工作问题》,见陈翰笙、薛暮桥、冯和法编:《解放前的中国农村》第二辑,北京:中国展望出版社,1987年,第9—14页;刘少奇:《答薛暮桥同志》,见陈翰笙、薛暮桥、冯和法编:《解放前的中国农村》第二辑,北京:中国展望出版社,1987年,第15—17页。钱俊瑞:《中国农村经济研究会成立前后》,见陈翰笙、薛暮桥、冯和法编:《解放前的中国农村》第二辑,北京:中国展望出版社,1987年,第18—21页。

② 所长系蔡元培先生兼任。

③ 侯建新:《二十世纪二三十年代中国农村经济调查与研究评述》,载《史学月刊》2000年第4期,第125—131页。

当时常见的将农户分为自耕农、半自耕农、佃农的方法,及按农户种田多少将之分为大农、中农、小农的方法,均不相同,他们根据所有田地的多少、所种田地的田权关系、从事农业劳动的雇佣关系,将农户分为地主、富农、中农、贫农和雇农。通过广泛而深入的调查,他们认识到土地所有与土地使用间的矛盾是现代中国土地问题的核心,中国农村土地的分配极不平均,地主富农以地租、高利贷、经营商业等方式剥削贫雇农,造成农业生产衰落,农民迅速赤贫。① 因而这些调查不仅为认识中国农村社会获得了大量的第一手材料,而且培养了一支秉持马克思主义立场观点的学术队伍,薛暮桥、王寅生、钱俊瑞、孙冶方等都是其中的骨干。1933 年,陈翰笙因在中央研究院受排挤,被迫辞去社会科学所职务,乃与薛暮桥、王寅生、钱俊瑞、孙冶方等人一道,以曾经参与农村经济调查的几十个青年为基础,成立“中国农村经济研究会”,并于 1934 年出版《中国农村》期刊。他们以“中国农村经济研究会”为载体,以《中国农村》为阵地,依据调查所得的大量材料,一如既往地撰写并发表了大批的论著和论文,投身于当时关于中国社会性质和中国农村社会性质的大论战,在理论界学术界产生了重大影响。

“中国农村派”的学者们认为,一切生产关系的总和是社会的基础结构,农村中的生产关系是农村各种问题的核心,因而中国农村问题的解决,一定要从社会组织的重构,即从生产关系的改变着手。由钱俊瑞起草,中国农村经济研究会讨论后定稿的《〈中国农村〉发刊词》,他们开宗明义地表述了自己的观点:

> 根据我们底目标来研究农村经济,最根本的问题是要彻底地明了农村生产关系和这些生产关系在殖民地化过程中的种种变化。简单地说,就是要找寻那些压迫中国农民的主要因子;这些压迫中国农民主要的因

---

① 陈翰笙:《现代中国的土地问题》,见陈翰笙、薛暮桥、冯和法编:《解放前的中国农村》第二辑,北京:中国展望出版社,1987 年,第80—93 页。

子一经铲除,非但农民可以活命,我们的民族也便有翻身独立的一日。同时中国民族的独立,间接地可以促成资本主义内在矛盾的消灭,完成全世界的和平和全人类的自由。①

这与"中国经济派"的观点迥然不同。后者认为,中国农村的问题是如何发展生产力的问题,即"技术"的问题。如王宜昌于1935年在天津《益世报》的《农业周刊》第48期发表《农业经济统计应有的方向转换》一文,针对他所谓《中国农村》"单注意社会条件及人对人关系"的观点,主张中国农村经济研究应有三个方向的转变,即"在人和人的关系底注意之外,更要充分注意人和自然的关系";"注意农业生产内部的分析,从技术上来决定生产经营规模的大小,从农业生产劳动上来决定雇农的质与量,从而决定区别出农村的阶级及其社会属性";"注意农业经营收支的情形,资本运用的情形和其利润分剖的情形"②。韩德章在《农业周刊》第49期发表《研究农业经济所遇到的技术问题》更进一步主张"中国农村经济底研究应当从人和人底关系底注意转换到人和自然的关系"③。对王宜昌、韩德章等人的观点,"中国农村派"的学者进行了针锋相对的反驳。如孙冶方1935年在《中国农村》第一卷第十期发表《农村经济学底对象》指称:

倘使王韩两位先生觉得目前研究农村经济的人太缺乏自然科学的常识了,所以劝大家多读些自然科学的书籍,那么我们决没有什么反对。但如果要把自然科学底研究对象来充当农村经济学底研究对象,那么我们是绝对不敢赞同的。……那不是一种简单的缺乏常识,而是把理论的农村经济学庸俗化为农业经营学的一种野心企图。……这企图底真意是想

① 钱俊瑞:《〈中国农村〉发刊词》,见陈翰笙、薛暮桥、冯和法编:《解放前的中国农村》第二辑,北京:中国展望出版社,1987年,第8页。
② 王宜昌:《农业经济统计应有的方向转换》,载《农村周刊》1935年第48期。
③ 韩德章:《研究农业经济所遇到的技术问题》,载《农村周刊》1935年第49期。

遮住了大家底眼睛,叫他们不要去探视现社会底农村经济底基本结构(农村经济中的社会生产关系)。因为这一探视的必然结论是:农村中现存的社会生产关系是带有历史性的,它随着资本主义社会而产生,亦将随着资本主义社会而消逝。这结论当然是现社会中许多人所不愿听的。这亦就是理论的农村经济学常遭人反对的原因。

王先生底另一个论据是说,我们不应抛开了生产力而仅研究生产关系。其实王先生既没有了解生产关系,亦没有懂得生产力。生产力是生产资料(也有译作"生产手段"的)和劳动力之总和。生产资料如不与劳动力结连在一起,便不能生产,当然亦就不能发生生产力——这是在任何社会中都是相同的原理。但劳动力与生产资料相结合的社会条件却因所处社会之不同而完全相违异。理论政治经济学(以及理论的农村经济学)中所研究的社会生产关系实际上便是指劳动力与生产资料相结合的那个社会条件之总和。所以我们说研究生产关系的时候,自然不是指脱离了生产力而凭空存在的生产关系(世界上就没有这种凭空存在的生产关系)。其实这里的争论问题倒不是"有否注意生产力"的问题,而是"怎样注意生产力"的问题。一方面是站在社会学者和经济学者底立场上来注意生产力,另一方面是站在自然科学者或企业经营者底立场上来注意生产力。一方面是为要研究社会经济构造底规律而去注意生产力,但另一方面却是为要规避这种研究而去注意生产力。这就是争论底来源。[①]

薛暮桥、冯和法等也把上述类似理论观点概括为"庸俗农业经济学"而著文批判。冯和法于 1937 年 1 月发表《庸俗农业经济学批判》指出:

人类社会结合称为生产关系。生产关系是人们对自然斗争中取得生活资料所结成的相互关系。人类为求不绝的生存,社会为求不绝的发展,

---

① 孙冶方:《农村经济学底对象》,见陈翰笙、薛暮桥、冯和法编:《解放前的中国农村》第二辑,北京:中国展望出版社,1987 年,第 640—641 页。

必须铲除生产关系上阻挠生产力之顺适的发展的一切因素。……所以，农业经济学的内容应该集中于其中心问题——农业生产关系上！惟有农业生产关系的研究，方能正确地深刻地求得农村问题的核心。譬如中国土地问题，庸俗农业经济学者多以为是由于中国土地不足，人口过剩，但如我们从土地所有与使用的关系上来分析时，即可看出这是由于土地所有权集中于不生产的地主手里，生产者的农民不但土地过小，而且还须负担苛重的佃租。庸俗农业经济学者以为农民收入不多，是由于生产不足，但如他们由生产关系上来分析，即可知道农民的收入大部分是给帝国主义和国内的不生产者所剥削去了。于此，可知道我们所以要一贯地反对庸俗农业经济学的原因。①

薛暮桥于 1937 年 6 月发表《略谈研究经济问题的方法论》称：

一切社会经济问题，都应当从社会经济结构中去探求。我们反对把它们归结到人类天性或者自然现象的观念论者和机械论者，因为这些错误的研究方法，都只会使我们固守不合理的社会经济结构，错认社会经济问题的真实来源，因而阻碍着社会经济结构的合理改造，和社会经济问题的彻底解决。②

与上述理论主张相联系，"中国农村派"认为，以一切以承认现存社会制度为前提的乡村改良主义运动，都不足以从根本上解决中国的问题，中国农村问题乃至中国问题的解决，只有以革命手段，彻底改造生产关系方能奏效。如钱亦石先生在《中国农村的过去与今后》所言，只有"在反帝国主义运动上争取民族独立，在反封建势力运动上变更土地关系，是中

---

① 冯和法：《庸俗农业经济学批判》，见陈翰笙、薛暮桥、冯和法编：《解放前的中国农村》第二辑，北京：中国展望出版社，1987 年，第 584 页。

② 薛暮桥：《略谈研究经济问题的方法论》，见陈翰笙、薛暮桥、冯和法编：《解放前的中国农村》第二辑，北京：中国展望出版社，1987 年，第 304 页。

华民族复兴的出发点,同时也是中国农村复兴的出发点"①。因而,"中国农村派"对当时的乡村改良运动开展了批评。如吴半农曾撰《论"定县主义"》对平民教育促进会在定县的乡村实验工作提出一分为二的批评。他首先肯定了定县乡村实验的成绩:

> 我没有到定县以前,常常听到人家说,定县的工作是美国的金圆铸成的,纵然试验成功了,其他的县份和其他的省份也决定没有能力来仿效它。这次到了定县,我觉得这个批评多少有些冤枉了平教会的工作——至少目前的平教会决没有把美国的捐款拿来作"奢侈的游戏"。他们确实是在那里研究和寻找各种简单易行的制度,以供全国各地之采用。而且有些试验,如保健制度,如实验小学,却已有了很好的成绩。又有人说,定县的工作没有一定的哲学和理论,只有零星地乱干;这个批评,照目前的情形说,也不十分正确。目前的平教会确有它整个的"一套"。他们相信中国之所以弄到目前这步田地完全是因为"愚"、"穷"、"弱"、"私"四个字在作祟。要救中国,便得先救这四个字。于是他们提倡"文艺教育"以救"愚","生计教育"以救"穷","卫生教育"以救"弱","公民教育"以救"私"。为要推行这"四大教育",他们并且提出了"学校"的、"社会"的、"家庭"的"三大方式"。这确是他们的"一套"。有了这"一套",他们才引以自豪,并博得许多参观的外人之赞赏——甚至有少数的外人,居然把他们的工作称之为"定县主义"。②

但吴半农同时指出:"中国目前弄到这样'民不聊生','国将不国'的地步,其根本原因决不在'愚'、'穷'、'弱'、'私'四字,这四个字充其量不过是中国社会四个病态的现象而已。"他认为,中国农村社会急剧贫穷

---

① 钱亦石:《中国农村的过去与今后》,见陈翰笙、薛暮桥、冯和法编:《解放前的中国农村》第一辑,北京:中国展望出版社,1985年,第512页。
② 吴半农:《论"定县主义"》,见陈翰笙、薛暮桥、冯和法编:《解放前的中国农村》第一辑,北京:中国展望出版社,1985年,第535页。

化的根本原因,是帝国主义和封建势力对中国农村甚或中国社会的破坏。平教会没有注意这些根本问题,他们只是把四个轻重各异的病态现象,相提并论地作为他们实验的基础和出发点。"一言以蔽之,他们要从撇开中国根本问题,以谋解决中国根本问题这一夹道中去找出路。这当然会使他们常常碰壁的。"①

1934 年 5 月,千家驹发表《定县的实验运动能解决中国农村问题吗?——兼评〈民间〉半月刊孙伏园先生〈全国各地的实验运动〉》一文指出,定县平教会对中国社会的整个认识是错误的,他们以为中国社会的根本病根是占百分之八十五以上的农民之"愚、穷、弱、私",所以要救中国必须针对这四个字入手,可是他们没有想到"愚、穷、弱、私"只不过是中国社会病态的一个表现,其真实的原因是深深地埋在这四个字底里的;平教会对于中国社会的整个认识既然是错误的,他们根据这种错误认识而开出来的方案当然也就会药不对症,定县大多数民众的经济生活不会因平教会的工作引起根本变革,不仅如此,定县也逃不出一般农村破产的命运,它的社会经济正随着中国国民经济破产的深刻化而日益衰落;平教会的工作本身实包含着一种不能解决的矛盾,他们想不谈中国社会的政治的经济的根本问题,但他们所要解决的却正是这些根本问题,他们不敢正视促使中国国民经济破产的真正原因,但他们所要救济的却正是这些原因所造成的国民经济破产与农村破产。②

1935 年 1 月,千家驹发表《中国农村的出路在哪里》一文,对梁漱溟在邹平的乡村建设提出尖锐的批评:

至于邹平的乡村建设,梁先生在好多方面的认识虽比平教会进步得

---

① 吴半农:《论"定县主义"》,见陈翰笙、薛暮桥、冯和法编:《解放前的中国农村》第一辑,北京:中国展望出版社,1985 年,第 537 页。

② 千家驹:《定县的实验运动能解决中国农村问题吗?——兼评〈民间〉半月刊孙伏园先生〈全国各地的实验运动〉》,见陈翰笙、薛暮桥、冯和法编:《解放前的中国农村》第二辑,北京:中国展望出版社,1987 年,第 410—415 页。

多(如他认识帝国主义与军阀是促使中国农村破产的主要原因);而且他明白了农民之自动的组织(村学与乡学)是乡村建设之基本的动力;但由于他不了解乡村中的阶级关系,他把乡村视为抽象的整体,而不把它看成是由各种利害不同的地主农民所组成的;他只看见了乡村之外部的矛盾,而看不见乡村之内在的矛盾,所以他是根本不想改变乡村之内部的生产关系。唯其如此,他的整个乡村是抽象的空洞的东西,即使在表面上在所谓乡长与村长领导之下组织起来了,然而农民们明白这种乡长与村长既是从前的乡绅与地主,他们多是收租的而不是纳租的,多是放债的而不是欠债的,由他们所主持下的乡学和村学,和从前的"自治协会"并没有什么本质上的差别。而且一般贫苦农民的经济地位既不变更,他们对于乡学村学也采取一种漠不相关的态度,他们只把乡学与村学当为新的政府玩艺或新的花样,他们决不会把乡学与村学即看成自己的东西,看成代表他们具体利益的政权。决不是有了它即可以免除苛捐杂税、高率田租及高利贷之种种的剥削,或有了它,即可以不受贪官污吏土豪劣绅所蹂躏。事实上只有当乡学与村学变质为代表贫农利益这样的政权时,农民们才会以必死的决心去拥护它,才会对他发生真正的兴趣而"必忠必信,生死以之"。但这又不是梁先生的所谓"乡学"与"村学"了。梁先生的"乡学"与"村学",不过是旧日豪绅政权之变相,只是披上了一件美丽的梁先生的外衣而已。①

孙晓村在《中国乡村建设运动的估价》中认为,乡村建设者"这一切的努力,论其主观的动机,原多不坏,尤其是在这贪官污吏、土豪劣绅充塞着的中国社会里,知识分子肯深入农村去接近农民,不论成绩怎样,总是值得我们尊敬的;而且这一切的努力,也不能说没有相当的成绩"②。但

① 千家驹:《中国农村的出路在哪里》,见陈翰笙、薛暮桥、冯和法编:《解放前的中国农村》第二辑,北京:中国展望出版社,1987年,第421页。
② 孙晓村:《中国乡村建设运动的估价》,见陈翰笙、薛暮桥、冯和法编:《解放前的中国农村》第二辑,北京:中国展望出版社,1987年,第444页。

孙晓村同时看到,"目前虽然有这样多的人士在为乡村工作努力,然而无论他是从教育入手,从自卫入手,从改革县政入手,从合作社入手,从推广优良品种入手,对于中国农村的根本病症,还少有确切的诊断,所以他们入手的那几点尽管有相当的成功,而大多数农民的吃饭问题仍不见有根本的改善"①。中国农村中大多数人没有饭吃,根本原因在于土地分配不均、生产物分配不均及帝国主义的商品侵略深入农村,使农村手工业破产,可乡村建设者对于这些中国农村的主要关系没有顾及。

孙冶方在《为什么要批评乡村改良主义工作》一文中指出:"一切乡村改良主义运动,不论它们底实际工作是从哪一方面着手,但是都有一个共有的特征,即是都以承认现存的社会政治机构为先决条件;对于阻碍中国农村,以至阻碍整个中国社会发展的帝国主义侵略和封建残余势力的统治,是秋毫无犯的。当然,天天在帝国主义商品倾销和炮弹枪刺下面讨生活的殖民地奴隶——哪怕他是所谓高等华人之流,但只要他不是甘心做走狗的汉奸——决不会麻木到看不出帝国主义侵略对于中国整个社会发展的压迫作用;然而我们的改良主义者总认为这不是主要问题。"②"当然,许多从事乡村改良主义运动的工作人员底精神,是可以佩服的,他们抛弃了都市的享乐,而到农村中去做那些艰苦工作;在他们主观方面,或者以为他们所做的工作确实是足以拯救中国农村之崩溃的。(当然,在改良主义者中间有不少是把乡村工作当做进身之路,当做自己的吃饭地方的,不过这种人更不值得我们批评,我们可把他们丢开不谈。)然而他们底主观方面的好意,决不能掩饰他们底工作在客观上的开倒车作用。"③

正是在对"庸俗农村经济学"和"乡村改良主义运动"的批评中,"中

---

① 孙晓村:《中国乡村建设运动的估价》,见陈翰笙、薛暮桥、冯和法编:《解放前的中国农村》第二辑,北京:中国展望出版社,1987 年,第 445 页。

② 孙冶方:《为什么要批评乡村改良主义工作》,见陈翰笙、薛暮桥、冯和法编:《解放前的中国农村》第二辑,北京:中国展望出版社,1987 年,第 653 页。

③ 孙冶方:《为什么要批评乡村改良主义工作》,见陈翰笙、薛暮桥、冯和法编:《解放前的中国农村》第二辑,北京:中国展望出版社,1987 年,第 654 页。

国农村派"更鲜明地体现了以马克思主义的立场和观点认识中国农村，探索中国农村现代化道路的特点。简而言之，他们认为，中国真正的"痛处"在于财产关系、剥削关系和殖民地关系上①；中国的农村破产是帝国主义侵略与封建势力剥削的结果，要复兴农村不可不抵抗一切帝国主义的侵略，不可不取消一切封建势力的剥削②；然而，农民生长在旧社会中，他们散漫、守旧、落后的性质，使他们没有建立一个新社会的可能，历史经验明白的告诉我们，单独的农民运动，结果必造成几个替代地主来统治他们的新贵族，农民只有与无产阶级结成坚定的联盟并接受其领导，才能在反帝反封的斗争中，扫除一切剥削压迫，获得真正的解放。③

二、毛泽东及其战友革命战争时期的乡土理论与实践

出身于农民家庭、成长于农村的毛泽东，自青年时代起，就非常重视对乡土中国的调查和研究。1917 年暑假，他采用"游学"的方式，到长沙、宁乡、安化、益阳和沅江五县农村进行考察，历时一个多月，行程九百多华里。1918 年毛泽东与蔡和森一起，在洞庭湖边的浏阳、沅江等县的农村进行了半个多月的调查，并在调查过程中，鼓励农民联合起来同地主豪绅作斗争，摆脱贫困处境。④ 正由于他经常深入农村考察和调查，对中国乡村社会有较深刻的认识，在确立了马克思主义信仰，参加革命后，他反对

---

① 孙晓村：《中国乡村建设运动的估价》，见陈翰笙、薛暮桥、冯和法编：《解放前的中国农村》第二辑，北京：中国展望出版社，1987 年，第 446 页。
② 钱亦石：《中国农村的过去与今后》，见陈翰笙、薛暮桥、冯和法编：《解放前的中国农村》第一辑，北京：中国展望出版社，1985 年，第 511 页。
③ 许涤新：《动荡崩溃底中国农村》，见陈翰笙、薛暮桥、冯和法编：《解放前的中国农村》第一辑，北京：中国展望出版社，1985 年，第 454 页。
④ 陆学艺、徐逢贤：《毛泽东与农村调查》，载《东岳论丛》1991 年第 6 期，第 15—21 页。

照搬马克思主义经典作家的论述或国外的经验,从中国的实际出发,走一条中国国情的革命道路。半殖民地半封建的中国基本上是一个传统的农业社会,辽阔的农村聚居着广大农民。中国革命要想取得成功,必须以农民为主体,以农村为出发点和立足点。1925年12月,毛泽东在大量调查研究和实践的基础上,写成《中国社会各阶级的分析》,批驳当时中共党内以陈独秀为代表的,只注意同国民党合作,忘记了农民的右倾机会主义,及以张国焘为代表的,只注意工人运动,同样忘了农民的“左”倾机会主义,明确提出了中国无产阶级最广大和最忠实的同盟军是农民的主张。他说:

一切勾结帝国主义的军阀、官僚、买办阶级、大地主阶级以及附属于他们的一部分反动知识界,是我们的敌人。工业无产阶级是我们革命的领导力量。一切半无产阶级、小资产阶级,是我们最接近的朋友。那动摇不定的中产阶级,其右翼可能是我们的敌人,其左翼可能是我们的朋友——但我们要时常提防他们,不要让他们扰乱了我们的阵线。[1]

毛泽东文中所谓“半无产阶级”包含绝大部分半自耕农、贫农、小手工业者、店员、小贩五种。他认为:“绝大部分半自耕农和贫农是农村中一个数量极大的群众。所谓农民问题,主要就是他们的问题。”[2]

1926年9月,毛泽东撰写了《国民革命与农民运动——〈农民问题丛刊〉序》一文,明确指出:

农民问题乃国民革命的核心问题,农民不起来参加并拥护国民革命,国民革命不会成功;农民运动不赶速地做起来,农民问题不在现在的革命运动中得到相当的解决,农民不会拥护这个革命。[3]

---

[1] 《毛泽东选集》第一卷,北京:人民出版社,1991年,第9页。
[2] 《毛泽东选集》第一卷,北京:人民出版社,1991年,第6页。
[3] 《毛泽东文集》第一卷,北京:人民出版社,1993年,第37页。

1927 年 1 月—2 月间,毛泽东为了答复党内外对于农民革命斗争的责难,赴湖南湘潭、湘乡、衡山、醴陵、长沙五县,对农民运动作了实地考察。1927 年 3 月,依据调查材料写成了《湖南农民运动考察报告》。指出农民打土豪劣绅完全是革命行为,农民在农会领导下的所作所为,就其基本精神和革命意义说来,不是"糟得很",而是"好得很",一些人嘴中常喊"唤起民众",可民众起来了又害怕得要死,这和叶公好龙没什么两样①。

农民有了组织之后,第一个行动,便是从政治上把地主阶级特别是土豪劣绅的威风打下去,既是从农村的社会地位上把地主权力打下去,把农民权力长上来。这是一个极严重极紧要的斗争。这个斗争是第二时期即革命时期的中心斗争。这个斗争不胜利,一切减租减息,要求土地及其他生产手段等等的经济斗争,决无胜利之可能。②

大革命失败后,毛泽东率领秋收起义的队伍上了井冈山,建立革命根据地,开始了农村包围城市武装夺取政权的革命实践。在此期间,他更加重视农村的调查研究,开展了一系列的调查。如 1927 年 11 月,永新和宁冈调查③;1930 年 5 月,寻乌调查④;1930 年 10 月,兴国调查⑤;1930 年 11

---

① 《毛泽东选集》第一卷,北京:人民出版社,1991 年,第 12—44 页。
② 《毛泽东选集》第一卷,北京:人民出版社,1991 年,第 23 页。
③ 这两个调查的报告已不可见。毛泽东在《寻乌调查》一文中说到了丢失的情况:"我过去做过湘潭、湘乡、衡山、醴陵、长沙、永新、宁冈七个有系统的调查,湖南那五个是大革命时代(一九二七年一月)做的,永新、宁冈两个是井冈山时代(一九二七年十一月)做的。湖南五个放在我的爱人杨开慧手里,她被杀了,这五个调查大概是损失了。永新、宁冈两个,一九二九年一月红军离开井冈山时放在山上一个朋友手里,蒋桂会攻井冈山时也损失了。失掉别的任何东西,我不着急,失掉了这些调查(特别是衡山、永新两个),使我时常念及,永久也不会忘记。"参见《毛泽东文集》第一卷,北京:人民出版社,1993 年,第 118 页。
④ 《毛泽东文集》第一卷,北京:人民出版社,1993 年,第 118—245 页。
⑤ 《毛泽东文集》第一卷,北京:人民出版社,1993 年,第 254—255 页。

月,东塘等处调查①;1933 年 11 月,长冈乡调查和才溪乡调查②;等等。这些调查广泛而深入,真实地反映了广大农民的经济状况和对土地的要求,是毛泽东土地革命思想的直接来源,为中国共产党土地革命方针政策的提出和完善提供了直接依据。③

　　在毛泽东看来,农民问题主要是半自耕农和贫农的问题,农民问题的核心是土地问题,要赢得农民,必须解决土地问题,所以,要实行"土地革命",彻底废除和变革农村封建生产关系,建立新民主主义的经济。其中总的政策目标:没收地主的土地,分配给无地和少地的农民,实行中山先生"耕者有其田"的口号,扫除农村中的封建关系,把土地变为农民的私有。④ 但农村生产关系和农村经济的变革不是一蹴而就的。1928 年 12 月,毛泽东在井冈山制定和颁布了《土地法》,宣布没收一切土地归苏维埃政府所有,分配给农民个别耕种,遇特别情形,分配农民共同耕种,或由苏维埃政府组织模范农场耕种。此土地法是 1927 年冬至 1928 年冬土地斗争经验的总结,可 1941 年毛泽东在延安编辑《农村调查》一书时加按语称,这个土地法有几个错误:(1)没收一切土地,而不是只没收地主土地;(2)土地所有权属政府而不是属农民,农民只有使用权;(3)禁止土地买卖。这些都是原则错误,后来都改正了。⑤ 1935 年 12 月,中华苏维埃中央委员会鉴于日本帝国主义之积极侵略,中国沦亡之危迫,全国工农及爱国志士积极参加民族革命斗争,反对日本侵略者及其走狗,又因蒋介石等的卖国统治,陷中国经济于万劫不复之境——特别是农村经济,全国农民均群起反抗和暴动,富农已改变其仇视苏维埃革命而开始同情于反帝国主义与土地革命的斗争,为扩大全国抗日讨蒋之革命战线,决定改变对

　　①　《毛泽东文集》第一卷,北京:人民出版社,1993 年,第 246 页。
　　②　《毛泽东文集》第一卷,北京:人民出版社,1993 年,第 276—342 页。
　　③　沈慧:《论毛泽东农村调查报告与土地革命思想》,载《湖州师专学报》1991 年第 1 期,第 110—113、104 页。
　　④　《毛泽东选集》第二卷,北京:人民出版社,1991 年,第 678 页。
　　⑤　《毛泽东文集》第一卷,北京:人民出版社,1993 年,第 49—51 页。

于富农的政策。富农之土地,除以封建性之高度佃租出租于佃农者,应以地主论而全部没收外,其余富农自耕及雇人经营之土地,不论其土地之好坏,均一概不在没收之列;富农之动产及牲畜耕具,除以封建性之高利贷出借以剥夺农民者外,均不应没收;除统一累进税外,禁止地方政府对于富农之征发及特殊税捐;富农在不违反苏维埃法律时,各级政府应保障其经营工商业及雇佣劳动之自由;在实行平分一切土地之区域(乡、区),富农有与普通农民分得同样土地之权。①

抗日战争时期,毛泽东坚持和发扬其"反对本本主义"、"没有调查,没有发言权"、"调查就是解决问题"、"中国革命斗争的胜利要靠中国同志了解中国情况"等立场和主张②,从新的高度强调调查研究的重要性。他把调查研究作为"转变党的作风的基础一环",强调调查研究是一切从实际出发的基础,是理论联系实际的桥梁和纽带,离开了调查研究,党的正确的思想路线就会落空,党对革命事业的领导作用也不可能正确地、充分地发挥。1941 年 3 月,他为出版《农村调查》一书写了序言,指出:"要了解情况,唯一的方法是向社会作调查,调查社会各阶级的生动情况。对于担负指导工作的人来说,有计划地抓几个城市、几个乡村,用马克思主义的基本观点,即阶级分析的方法,作几次周密的调查,乃是了解情况的最基本的方法。只有这样,才能是我们具有对中国社会问题的最基础的知识。"③1941 年 9 月,他发表了《关于农村调查》的讲话,指出认识世界要作调查研究,中国革命也需要作调查研究工作,我们的调查工作要面向下层,要有耐心、有步骤地作。调查要有对立统一和阶级斗争的观点,要详细地占有材料,抓住要点。④ 为了推动和引领全党大兴调查研究之风,

---

① 《毛泽东文集》第一卷,北京:人民出版社,1993 年,第 374—375 页。

② 《毛泽东选集》第一卷,北京:人民出版社,1991 年,第 109—118 页。

③ 中共中央文献研究室:《毛泽东周恩来刘少奇朱德邓小平陈云论调查研究》,北京:中央文献出版社,2006 年,第 74—75 页。

④ 中共中央文献研究室:《毛泽东周恩来刘少奇朱德邓小平陈云论调查研究》,北京:中央文献出版社,2006 年,第 83—90 页。

他起草并向全党发布了《中共中央关于调查研究的决定》①,并提议成立了中央调查研究局,亲自兼任局长。他不仅反复强调调查研究和实事求是,而且身体力行,利用一切机会进行调查研究。《抗日时期的经济问题和则政问题》(1942 年 12 月)、《开展根据地的减租生产和拥政爱民运动》(1943 年 10 月 1 日)以及《组织起来》(1943 年 11 月 29 日)等文章,是他这一时期深入陕甘宁边区进行深入专项调查的重要成果。

在毛泽东的感召、引导下,中国共产党各中央局和中央直属机关以及延安地区成立了多个调查团,分赴不同的地方展开了深入广泛的调查研究工作。其中,西北局调查研究局考察团三十多人,对陕甘宁边区的绥德、米脂两特区的政治、经济、党务等问题进行了为期两个月的调研,共写出调查报告 19 份。还写出了 85 000 字的专著《绥德、米脂土地问题初步研究》,于 1942 年 9 月在延安正式出版。张闻天于 1942—1943 年间率"延安农村调查团"到神府县贺家川、兴县高家村区、米脂县杨家沟村等地调查,整理出《米脂县杨家沟调查》、《贺家川八个自然村的调查》、《兴县十四个自然村的土地问题研究》、《杨家沟地主调查》等调查报告。陕甘宁边区政府主席也率领二十多人的考察组到陕北甘泉、富县、安塞、志丹等县农村进行实地调查。②

在深入调查的基础上,毛泽东和他的战友们与时俱进地顺应抗日民族统一战线的需要,调整了国内革命战争时期的土地政策,实行新的土地革命政策。毛泽东在 1937 年 9 月 29 日所写的《国共合作成立后的迫切任务》中说:

　　共产党没有一天不在反对帝国主义,这是彻底的民族主义;工农民主专政制度也不是别的,就是彻底的民权主义;土地革命则是彻底的民生主

---

① 中共中央文献研究室:《毛泽东周恩来刘少奇朱德邓小平陈云论调查研究》,北京:中央文献出版社,2006 年,第 79—82 页。

② 仝华:《抗日战争时期毛泽东对全党调查研究工作的引领》,载《北京联合大学学报》(人文社会科学版)2005 年第 3 期,第 33—38 页。

义。为什么共产党现在又申明取消工农民主专政和停止没收地主的土地呢？这个理由我们也早已说明了，不是这种制度和办法根本要不得，而是日本帝国主义的武装侵略引起了国内阶级关系的变化，使联合全民族各阶层反对日本帝国主义成了必需，而且有了可能。……所以，我们主张在中国建立民族的和民主的统一战线。我们用以代替工农民主专政的各阶层联合的民主共和国的主张，是在这种基础上提出的。实行"耕者有其田"的土地革命，正是孙中山先生曾经提出过的政策；我们今天停止实行这个政策，是为了团结更多的人去反对日本帝国主义，而不是说中国不要解决土地问题。①

在 1940 年 12 月 25 日为中共中央起草的对党内的指示中，明确指出：

必须明白，在整个抗日战争时期，无论在何种情况下，我党的抗日民族统一战线的政策是决不会变更的；过去十年土地革命时期的许多政策，现在不应当再简单地引用。②

关于土地政策。必须向党员和农民说明，目前不是实行彻底的土地革命的时期，过去土地革命时期的一套办法不能适用于现在。现在的政策，一方面，应该规定地主实行减租减息，方能发动基本农民群众的抗日积极性，但也不要减得太多。地租，一般以实行二五减租为原则；到群众要求增高时，可以实行倒四六分，或倒三七分，但不要超过此限度。利息，不要减到超过社会经济借贷关系所许可的程度。另一方面，要规定农民交租交息，土地所有权和财产所有权仍属于地主。不要因减息而使农民借不到债，不要因清算老账而无偿收回典借的土地。③

---

① 《毛泽东选集》第二卷，北京：人民出版社，1991 年，第 368 页。
② 《毛泽东选集》第二卷，北京：人民出版社，1991 年，第 762 页。
③ 《毛泽东选集》第二卷，北京：人民出版社，1991 年，第 766—767 页。

　　解放战争时期,毛泽东及其战友一如既往地继续着对中国农村社会的调查研究,并根据革命形势变化,对农村政策做出了相应调整。1947年12月25—28日,中共中央于陕北米脂县杨家沟召开的会议,详细讨论了当时党内的倾向问题以及土地改革和群众运动中的几个具体政策问题。毛泽东在会上作了《目前形势和我们的任务》的报告,指出:

　　日本投降以后,农民迫切地要求土地,我们就及时地作出决定,改变土地政策,由减租减息改为没收地主阶级的土地分配给农民。我党中央一九四六年五月四日发出的指示,就是表现这种改变。一九四七年九月,我党召集了全国土地会议,制定了中国土地法大纲,并立即在各地普遍实行。这个步骤,不但肯定了去年《五四指示》的方针,而且对于去年《五四指示》中的某些不彻底性作了明确的改正。中国土地法大纲规定,在消灭封建性和半封建性剥削的土地制度、实行耕者有其田的土地制度的原则下,按人口平均分配土地。这是最彻底地消灭封建制度的一种方法,这是完全适合于中国广大农民群众的要求的。为着坚决地彻底地进行土地改革,乡村中不但必须组织包括雇农贫农中农在内的最广泛群众性的农会及其选出的委员会,而且必须首先组织包括贫农雇农群众的贫农团及其选出的委员会,以为执行土地改革的合法机关,而贫农团则应当成为一切农村斗争的领导骨干。我们的方针是依靠贫农,巩固地联合中农,消灭地主阶级和旧式富农的封建的和半封建的剥削制度。①

　　会后,毛泽东又依据会议讨论结果为中共中央起草了决议草案《关于目前党的政策中几个重要的问题》,强调土地改革必须将贫雇农的利益和贫农团的带头作用放在第一位。在乡村,是雇农、贫农、中农和其他劳动人民联合一道,在共产党领导之下打江山坐江山,而不是单独贫雇农打江山坐江山。在全国,是工人,农民(包括新富农),独立工商业者,被

---

①　《毛泽东选集》第四卷,北京:人民出版社,1991年,第1250页。

反动势力所压迫和损害的中小资本家,学生、教员、教授、一般知识分子,自由职业者,开明绅士,一般公务人员,被压迫的少数民族和海外华侨,联合一道,在工人阶级(经过共产党)的领导之下,打江山坐江山,而不是少数人打江山坐江山。必须避免对中农采取任何冒险政策。必须将新富农和旧富农加以区别。对大、中、小地主,对地主富农中的恶霸和非恶霸,在平分土地的原则下,也应有所区别。土地改革的中心是平分封建阶级的土地及其粮食、牲畜、农具等财产(富农只拿出其多余部分),不应过分强调斗地财,尤其不应在斗地财上耗费很长时间,妨碍主要工作。①

在1948年4月1日《在晋绥干部会上的讲话》中,毛泽东对土地改革问题作了比较系统的阐述:

封建主义是帝国主义和官僚资本主义的同盟者及其统治的基础。因此,土地制度的改革,是中国新民主主义革命的主要内容。土地改革的总路线,是依靠贫农,团结中农,有步骤地、有分别地消灭封建剥削制度,发展农业生产。土地改革所依靠的基本力量,只能和必须是贫农。这个贫农阶层,和雇农在一起,占了中国农村人口的百分之七十左右。土地改革的主要和直接的任务,就是满足贫雇农群众的要求。土地改革必须团结中农,贫雇农必须和占农村人口百分之二十左右的中农结成巩固的统一战线。……土地改革的一个任务,是满足某些中农的要求。必须容许一部分中农保有比较一般贫农所得土地的平均水平为高的土地量。我们赞成农民平分土地,是为了便于发动广大的农民群众迅速地消灭封建地主阶级的土地所有制度,并非提倡绝对的平均主义。……土地改革的对象,只是和必须是地主阶级和旧式富农的封建剥削制度,不能侵犯民族资产阶级,也不要侵犯地主富农所经营的工商业,特别注意不要侵犯没有剥削或者只有轻微剥削的中农、独立劳动者、自由职业者和新式富农。土地改革的目的是消灭封建剥削制度,即消灭封建地主之为阶级,而不是消灭地

---

① 《毛泽东选集》第四卷,北京:人民出版社,1991年,第1267—1274页。

主个人。因此,对地主必须分给和农民同样的土地财产,并使他们学会劳动生产,参加国民经济生活的行列。……消灭封建剥削制度应当是有步骤的,既是说,有策略的。必须依据环境所许可的情况,农民群众的觉悟程度和组织程度,决定发动斗争的策略,不要企图在一个早上消灭全部的封建剥削制度。土地改革的总的打击面,根据中国农村封建剥削制度的实际情况,一般地不要超过农村户数百分之八左右,人数百分之十左右。……发展农业生产,是土地改革的直接目的。只有消灭封建制度,才能取得发展农业生产的条件。在任何地区,一经消灭了封建制度,完成了土地改革任务,党和民主政府就必须立即提出恢复和发展农业生产的任务,将农村中的一切可能的力量转移到恢复和发展农业生产的方面去,组织合作互助,改良农业技术,提倡选种,兴办水利,务使增产成为可能。……消灭封建制度,发展农业生产,就给发展工业生产,变农业国为工业国的任务奠定了基础,这就是新民主主义革命的最后目的。[①]

1949 年 3 月 5—13 日,在中国人民革命全国胜利的前夜,中国共产党在河北省平山县西柏坡召开了一次极其重要的会议——中国共产党第七届中央委员会第二次全体会议,毛泽东在会上作了报告,特别着重分析了当时中国经济各种成分的状况和党必须采取的正确政策。其中提出:

中国还有大约百分之九十左右的分散的个体的农业经济和手工业经济,这是落后的,这是和古代没有多大区别的,我们还有百分之九十左右的经济生活停留在古代。古代有封建的土地所有制,现在被我们废除了,或者即将被废除,在这点上,我们已经或者即将区别于古代,取得了或者即将取得使我们的农业和手工业逐步地向着现代化发展的可能性。但是,在今天,在今后一个相当长的时期内,我们的农业和手工业,就其基本

---

① 《毛泽东选集》第四卷,北京:人民出版社,1991 年,第 1313—1316 页。

形态说来,还是和还将是分散的和个体的,既是说,同古代近似的。①

占国民经济总产值百分之九十的分散的个体的农业经济和手工业经济,是可能和必须谨慎地、逐步地而又积极地引导它们向着现代化和集体化的方向发展的,任其自流的观点是错误的。必须组织生产的、消费的和信用的合作社,和中央、省、市、县、区的合作社的领导机关。这种合作社是以私有制为基础的在无产阶级领导的国家政权管理之下的劳动人民群众的集体经济组织。中国人民的文化落后和没有合作社传统,可能使得我们遇到困难;但是可以组织,必须组织,必须推广和发展。单有国营经济而没有合作社经济,我们就不可能领导劳动人民的个体经济逐步地走向集体化,就不可能由新民主主义社会发展到将来的社会主义社会,就不可能巩固无产阶级在国家政权中的领导权。②

这些论述为中国的民主革命向社会主义革命的转变,新民主主义社会向社会主义社会转变,农业国向工业国的转变指明了方向和道路。

毛泽东等革命家的乡土理论及其在根据地或解放区的实践,相辅相成,相互促进:理论指导实践,实践检验理论,从而使得理论逐渐接近真理,实践不断走向成功。毛泽东及其战友对中国农村的调查研究,与许多职业社会学家的调查研究有所不同。③ 毛泽东及其战友是无产阶级政治家、革命家,他们调查研究中国农村社会的"终极目的是要明了各种阶级的相互关系,得到正确的阶级估量,然后定出我们正确的斗争策略,确定哪些阶级是革命斗争的主力,哪些阶级是我们应当争取的同盟者,哪些阶

---

① 《毛泽东选集》第四卷,北京:人民出版社,1991 年,第 1430—1431 页。
② 《毛泽东选集》第四卷,北京:人民出版社,1991 年,第 1432 页。
③ 周沛:《毛泽东农村社会调查与职业社会学家农村社会调查分析——兼论社会学的学科性与科学性》,载《南京大学学报》(哲学·人文·社会科学) 1995 年第 4 期,第 100—108 页;徐勇:《现代化中的乡土重建——毛泽东、梁漱溟、费孝通的探索及其比较》,载《天津社会科学》1996 年第 5 期,第 61—68 页;季芳桐、钟海连:《试论毛泽东农村革命思想与梁漱溟乡村建设理论的根本分歧》,载《党史文苑》2004 年第 10 期,第 7—10 页。

级是要打倒的"①,调查研究的内容主要是农村各阶级的历史和现状,及其对革命的要求与态度,调查研究的方法主要阶级分析法。因而,他们得出了与其他各家学者不同的结论:近代中国是一个半殖民地半封建的国家,农民的灾难、农村的危机根源于帝国主义和封建主义的双重压迫,广大中国农民经济上的贫困和政治上的不自由是世界上罕见的,而占中国人口80%的农民是中国国民经济的主要力量,因此,农民问题是中国革命的基本问题,农民的力量是中国革命的主要力量,中国革命实质上是农民革命;农民问题的核心是土地问题,解决土地问题的实质上满足农民对土地的渴求,而这正是农民力量的源泉;在内无民主制度、外无民族独立的半殖民地半封建社会的中国,要解决农民问题,实现乡土重建,必须以武装斗争为主要形式,实行融武装斗争、土地革命和根据地建设为一体的"工农武装割据",推翻旧制度,建立新政权。② 这些基本观点是毛泽东思想的重要内容,不仅对于指导中国革命走向胜利发挥了重大作用,而且对中国社会主义建设特别是农村建设产生了深刻影响。

三、中国共产党第一代中央领导集体的社会主义乡村建设理论与实践

马克思主义者认为,只有以革命手段,彻底改造生产关系,才能复兴农村,复兴中国。因而,中国共产党人在1949年取得了政权,建立了中华人民共和国后,即开始了在全国范围内的改造生产关系的行动。改造农

---

① 《毛泽东选集》第一卷,北京:人民出版社,1991年,第113—114页。

② 季芳桐:《毛泽东与梁漱溟——试论农村革命与乡村建设》,载《南京理工大学学报》(哲学社会科学版)1994年第1、2期,第54—57页;李中军:《毛泽东梁漱溟农民问题理论比较研究》,载《史学月刊》1996年第2期,第61—65页;李宝艳、郑逸芳:《毛泽东梁漱溟农民观比较及其启示》,载《福建农林大学学报》(哲学社会科学版)2005年第3期,第21—24页。杜晓燕、李景平、尚虎平:《比较毛泽东、梁漱溟乡村建设思想加速"三农"问题解决进程》,载《农业经济》2006年第2期,第6—8页。

村生产关系是从土地改革着手的。1950 年 6 月,中国共产党七届三中全会通过了在全国范围内开展土地改革的决议。同年 6 月 30 日,中央人民政府颁布了《中华人民共和国土地改革法》。到 1952 年底,除西藏、新疆等少数民族地区外,大陆基本完成了土地改革。全国大约 3 亿无地或少地的农民分得约 7 亿亩土地和大量生产资料。地主阶级的土地所有制被彻底消灭。这是中国向新民主主义经济迈出的重要步伐。

但是,"土地私有、家庭经营、落后的生产工具、传统的农家作物、狭小的土地规模、有限的自然资源、以自给为主的家庭经济、发育不全的乡村市场,这一切必然导致家庭之间的竞争,而竞争的结果必然是贫富分化和土地的重新兼并。"[1]这是怀抱推翻封建制度的抱负及实现社会平等和共同富裕的理想目标的中国共产党人必须改变的。早在 1943 年,毛泽东就明确指出:"在农民群众方面,几千年来都是个体经济,一家一户就是一个生产单位,这种分散的个体生产,就是封建统治的经济基础,而使农民自己陷于永远的穷苦。克服这种状况的唯一办法,就是逐渐地集体化。"[2]所以,在完成了土改之后,中国共产党及其政府即着手改造传统小农经济的艰巨任务。按照马克思主义经典作家关于社会主义的阐述,结合中国实际,以毛泽东为核心的中国共产党第一代中央领导集体在革命胜利前夕召开的中国共产党七届二中全会上,提出了使中国从农业国转变为工业国、由新民主主义社会发展到社会主义社会的奋斗目标和方向,实现这一奋斗目标的战略步骤是"两步走",即第一步,实行新民主主义;第二步,进入社会主义社会。至于从第一步至第二步的历程,毛泽东等起初都认为要经历"相当长久"的时间,大概二三十年。[3] 可这一观点没有被坚持下来。1951 年,山西省委提出,在常年互助组的基础上,试办农业

---

① 张乐天:《告别理想——人民公社制度研究》,上海:上海人民出版社,2005 年,第 49 页。

② 《毛泽东选集》第三卷,北京:人民出版社,1991 年,第 931 页。

③ 胡绳主编:《中国共产党的七十年》,北京:中共党史出版社,1991 年,第 283—287 页。

生产合作社,借以动摇私有制的基础。华北局和刘少奇批评山西省委的主张违背了新民主主义的经济政策,是空想社会主义思想。但毛泽东支持和发展了山西省委的主张。他认为,互助组虽然是在生产资料私有制的基础上组织的,但因为实现了劳动互助,具有社会主义萌芽的性质。农业生产合作社比常年互助组具有更多的社会主义因素。既然西方资本主义在发展过程中有一个工场手工业阶段,即尚未采用蒸气动力机械,而依靠工场分工以形成新生产力阶段,则中国的合作社依靠统一经营形成新生产力,去动摇私有制基础,也是可行的。1952 年,中国共产党制定了过渡时期的总路线。所谓过渡时期,是指从中华人民共和国成立,到社会主义改造基本完成的时期。"党在过渡时期的总路线和总任务,是要在一个相当长的时期内,逐步实现国家的社会主义工业化,并逐步实现国家对农业、对手工业和对资本主义工商业的社会主义改造。"①所以,从 1953 年起,中国共产党便已开始了"严重的社会主义步骤"。当年,中国共产党先后颁布了《中共中央关于农业生产互助组合作的决议》和《中共中央关于发展农业生产合作社的决议》,对农业的社会主义改造迈出了实质性步伐,农村的互助合作运动蓬勃兴起。由社会主义萌芽的互助组,进到半社会主义的合作社(初级农业生产合作社),再进到完全社会主义性质的合作社(高级农业生产合作社),中国农村生产关系通过集体化道路发生了重大变化。到 1956 年底,加入合作社的农户达到全国农户总数的96.3%,其中参加高级农业合作社的农户占农户总数的 87.8%。② 这意味着中国农村生产资料私有制已基本消灭,社会主义集体经济已基本建立。

农业生产高级社取消了土地分红,将土地和主要生产资料收归集体所有,实行集体劳动和统一经营,在全年收入中扣除生产费用和一定比例的公积金、公益金、管理费后,对社员实行按劳分配,与共同富裕的社会主

---

① 《陈云文稿选编》,北京:人民出版社,1982 年,第 194 页。
② 曾培炎主编:《新中国经济 50 年》,北京:中国计划出版社,1999 年,第 36 页。

义理想相吻合。但在当时中国共产党和政府看来,高级社尚不是实现政府理想目标最便捷、坚强的经济组织,因而不是中国农村的集体化运动的终点,它必然要向大公社体制过渡。因为在毛泽东等人的思想深处,一直存在着在中国农村建立"大社"或"公社"的想法。有人分析认为这是受中国古代张鲁思想的影响。[①] 但笔者以为,更重要的可能是混淆了科学社会主义与空想社会主义的结果。不论如何,这种思想在农业合作化运动中已表露了出来。1955年,毛泽东在《〈中国农村的社会主义高潮〉的按语》中提出:

现在办的半社会主义的合作社,为了易于办成,为了使干部群众迅速取得经验,二、三十户的小社为多。但是小社人少地少资金少,不能进行大规模的经营,不能使用机器。这种小社仍然束缚生产力的发展,不能停留太久,应当逐步合并。有些地方可以一个乡为一个社,少数地方可以几乡为一个社,当然会有很多地方一乡有几个社的。不但平原地区可以办大社,山区也可以办大社。

受此思想影响,在农业合作化后期,各地组织了一些大社。尽管由于大多数大社经营不善,未能显示出优越性,中共中央进行了整顿,但组织大社的方向并没有被否定。高级社很快在全国范围内建立了起来之后,其存在的缺陷明显地呈现了出来。一是高级社允许农民自由退社,妨碍了高级社的巩固;二是高级社受乡政府领导,但乡政府既没有产权,也不是高级社的上级,体制的不顺妨碍了作为社会主义标志的计划经济的实施。[②] 面对这些缺陷,毛泽东等人坚定不移地继续探索着符合理想目标的农村组织形式。于是,循着毛泽东等人理想的逻辑演变,高级社向人民

---

① 庄孔韶:《银翅:中国的地方社会与文化变迁》,北京:生活·读书·新知三联书店,2000年,第103—143页。

② 张乐天:《告别理想——人民公社制度研究》,上海:上海人民出版社,2005年,第57页。

公社过渡便是顺理成章、势在必行的事情了。1958年3月,中共中央在成都会议上,提出了把小型的农业生产合作社有计划地适当地合并为大型的农业生产合作社的建议,并于同年4月8日发出了《关于把小型的农业生产合作社适当地合并为大社的意见》。在此文件精神指引下,全国各地轰轰烈烈地开展了并社工作。合并后的大社往往被群众称为"大社"、"公社"等。这得到了毛泽东的支持,他先是走出北京,到全国各地视察,发表了"人民公社好"的指示,而后在同年8月召开的北戴河会议上,对人民公社大加褒扬:

> 办人民公社,是群众自发的,……我们的人民在农业合作化的基础上搞起来的人民公社,不是空想,他们就是有那么个趋势,想要干起来。……
>
> 人民公社的特点:一曰大,二曰公。我看叫大公社。大,人多(几千户,一万户,几万户),地多,综合经营,工农商学兵,农林牧副渔;大,人多势重,办不到的事情就可以办到;大,好管,好纳入计划。公,就是比合作社更要社会主义,把资本主义残余(比如自留地、自养牲口)都可以逐步搞掉……人民公社是政社合一,那里将会逐渐没有政权。
>
> 人民公社实行供给制和工资制相结合的分配制度。粮食多了可以搞供给制,吃饭不要钱。当然实行工资制度和吃饭不要钱还要一个过程,部分地区一两年或者两三年,大约一半以上的地区需要有四五年。那时候搞农业,就像办工厂一样,土地国有,工资发给每个人……
>
> 人民公社的建立,标志着对资产阶级法权的进一步破坏……
>
> 搞人民公社,又是农村走在前头,城市还未搞,工人的级别待遇比较复杂。将来城市也要搞,学校、工厂、街道都办成公社。不要几年功夫,就把大家组成大公社。城市、乡村一律叫公社,如鞍钢叫鞍钢公社,不叫工厂。①

---

① 薄一波:《若干重大决策与事件的回顾》(下),北京:中央党校出版社,1993年,第742—744页。

　　所以,北戴河会议顺利通过了《中共中央关于在农村建立人民公社问题的决议》,郑重宣布:"共产主义在我国的实现,已经不是什么遥远将来的事情了。我们应该积极运用人民公社的形式,摸索出一条过渡到共产主义的具体途径。"①一个大办人民公社的全民运动随之迅速广泛地开展起来。至 1958 年 9 月底,全国 27 个省市自治区(西藏除外)有 12 个省市自治区 100% 农户加入了人民公社。10 个省市自治区 85% 以上农户加入了人民公社。4 个省市自治区在国庆前基本实现人民公社化。全国共建立起人民公社 23 384 个,加入农户 11 217 465 户,占总农户的 90.4%,全国农村基本实现了人民公社化。而且有向城市蔓延的趋势。②

　　大公社的尝试付出了沉重的代价。在全国范围内,带来了灾难性后果。而造成困难的原因,尽管当时存在"三分天灾,七分人祸"或"七分天灾,三分人祸"之争,但如今看来,"人祸"的因素无疑是重要的。从体制上分析原因,施坚雅说:"公社于 1958—1961 年面临的许多重大困难在相当大的程度上根源于在大多数情况下它们是被迫进入的那个大得怪诞的模子,尤其是根源于没有把新的单位与由农村贸易所形成的自然社会经济系统结合起来。"③而张乐天则认为是:"过分理想化的大公社制度过分地破坏了传统村落的生存方式,过分强烈的外部冲击使受冲击的传统农民无所适从。外部冲击—村落传统的互动在这里出现了断裂,断裂的结果是普遍的灾难,灾难迫使大公社制度的设计者们向村落传统让步。于是有了'三级所有,队为基础'的人民公社,于是有了二十余年的人民公社的历史……"④不论如何,实行大公社制度的严重后果引起了中共中央的高度重视。1960 年 11 月 3 日,中共中央向全国农村党支部发出《关于

　　① 《人民日报》1958 年 9 月 10 日。
　　② 于景森著:《振荡中发展——新中国经济 30 年》,北京:中央文献出版社,2006 年,第 140—141 页。
　　③ [美]施坚雅:《中国农村的市场和社会结构》,史建云、徐秀丽译,北京:中国社会科学出版社,1998 年,第 167 页。
　　④ 张乐天:《告别理想——人民公社制度研究》,上海:世纪出版集团上海人民出版社,2005 年,第 4 页。

农村人民公社当前政策的紧急指示信》,提出以生产队为基础的三级所有制是现阶段人民公社的根本制度;生产队是基本的核算单位,生产经营管理的权力,应该主要归生产队;要允许社员经营少量自留地,不得将社员自留地收回归公,也不得任意调换社员自留地。《指示信》于1960年底和1961年初传达到全国各地。从此,人民公社"权力下放","三级所有,队为基础"的体制逐步建立和稳定下来。

从经济上看,中华人民共和国成立后,中国农村从土地改革、互助组到人民公社,经历了从个体经济到集体经济的风雨历程。对于这一道路的选择,毛泽东认为是因为群众中蕴藏了一种极大的社会主义积极性。《中国共产党关于建国以来党的若干历史问题的决议》认为:"我国个体农民,特别是在土地改革中新获得土地而缺少其他生产资料的贫农下中农,为了避免重新借高利贷甚至典让和出卖土地,产生两极分化,为了发展生产,兴修水利,抗御自然灾害,采用农业机械和其他新技术,确有走互助合作道路的要求。"[1]但是,"只要我们对土地改革后普通农民的社会心态稍加分析就会发现,这种积极性即使不是杜撰的或误认的,起码也是被不恰当地扩大了的"[2]。薄一波在《若干重大决策与事件的回顾》明确指出:"不仅当时的实际材料而且后来的实践发展也证明:我们曾经高度赞扬的贫下中农的'社会主义积极性',有不少在相当大的程度上是属于'合伙平产'的平均主义'积极性'……"[3]江红英在分析了土改后农村经济发展的趋势和农民走上互助合作道路的原因后,认为:"无论从避免两极分化的角度看,还是从发展生产的角度看,个体农民中的贫雇农和一部分中农的确希望走互助合作的道路,但并不是所有的农民都希望走互助

---

① 中国共产党中央委员会:《中国共产党关于建国以来党的若干历史问题的决议》,北京:人民出版社,1981年,第13页。

② 周晓虹:《1951—1958:中国农业集体化的动力——国家与社会关系视野下的社会动员》,《中国研究》2005年第1期,第27页。

③ 薄一波:《若干重大决策与事件的回顾》,北京:中共中央党校出版社,1991年,第358页。

合作道路。也就是说,农民自身并不是走上互助合作道路的决定性因素。"①周晓虹在探究 1951—1958 年中国农村集体化的动力时精辟地指出,为了在一个遍布小农经济的国度顺利实现合作化,党和国家在农村进行了声势浩大的社会动员。动员通过经济性资源的调控,如向互助组或合作社提供农业贷款、新式农具、良种以及日常生活用品,乃至减免粮食统购统销数额,直接撬动了农民的入社动机;同时通过社会性资源的调控,如划分阶级成分、使用"积极分子"或"落后分子"的标签,以及派定入社的前后顺序,营造了不得不入的强大的政治压力。与集体化有关的整个社会动员之所以能够成功,就在于党和国家凭借近乎完美的权力网络,运用了强大的宣传手段和动员技巧,并对农民利益直接相关的稀缺资源进行了有效的调控。② 这说明走集体化道路不是农民的自主选择,而是中国共产党和人民政府强大社会动员的结果。

既然中国农村集体化不是什么"群众首创",完全是自上而下的"布置",广大农民面对党和政府的社会动员为什么没有表现出捍卫"小私有"的坚强意志?秦晖在比较研究中国和苏俄农村社会结构及集体化运动过程的框架下,提出了破解这一"公社之谜"的独到见解。他认为,中国几千年的传统是"大共同体本位"传统,传统俄罗斯则是个"多元共同体本位"社会,与中国不同的是:其传统村社不是纯粹由国家对"编户齐民"实行官僚式管理的产物,而是虽由国家控制但仍保有相当自治性的、内聚而排他的小共同体。村社作为传统农民自治团体具有抵御外来干预的一面,它的小共同体纽带对大共同体(集权国家)的一元化势力也起着抵制作用,因而苏俄的集体化过程充满强烈的反抗。而传统中国小共同体的缺乏往往并不意味着公民个性与个人权利的发达,只意味着大共同体的一元化控制。一盘散沙式的"无权者的小私有"恰恰是大共同体产

---

① 江红英:《试析土改后农村经济的发展趋势及道路选择》,载《中共党史研究》2001年第6期,第56页。

② 周晓虹:《1951—1958:中国农业集体化的动力——国家与社会关系视野下的社会动员》,载《中国研究》2005 年第 1 期,第 22—43 页。

权垄断的同构物。中国革命后,个别宗族公社活跃地区完成了大共同体主导的"私有化",本来就远不如俄国村社那样强固的传统宗族、社区等小共同体纽带被扫荡几尽,农村组织前所未有的一体化,任何可能制衡大共同体的自治机制都不存在。因此,"小私有"的中国农民比"土地公有"的俄国村社更易于"集体化"是不难理解的。中国农村集体化阻力较大的地区,不是传统上"纯私有"地区,而是传统上盛行宗族公产的地区。①

通过集体化运动,加以 1953 年开始实行的粮油等农产品的统购统销制度,中国共产党和政府不仅成功地将分散的个体农民组织起来,而且成功地将组织起来的农民与市场相脱离,使中国农村经济成为"计划经济"的一部分。这不仅是中国共产党实现其远大社会理想的制度安排,同时也是当时为推进中国工业化而完成原始资本积累的一种制度安排。因为中华人民共和国建立后,西方通过两次世界大战所完成的资源瓜分的确已无任何调整余地,且周边地缘政治环境险恶。中国要"自立于世界民族之林",就必须工业化;工业化必须完成原始的资本积累;而原始积累不可能在商品率过低的小农经济条件下完成。"于是,中国人不得不进行一次史无前例的、高度中央集权下的自我剥夺:在农村,推行统购统销和人民公社这两个互为依存的体制;在城市,建立计划调拨和科层体制,通过占有全部工农劳动者的剩余价值的中央财政进行二次分配,投入以重工业为主的扩大再生产。"②国家以税收和低价收购的办法,把大量农业剩余投入城市工业化进程中,而由于国家实行重工业优先发展战略必然出现"资本增密,排斥劳动"的状况,必然形成限制农村劳动力进城的"城乡对立二元结构"体制。结果,农民被更加牢固地束缚在有限的土地上,专门从事农业。这造成了农村经济的长期停滞不前和农民生活的贫困。

---

① 秦晖:《传统十论——本土社会的制度、文化及其变革》,上海:复旦大学出版社,2004 年,第 295—321 页。

② 温铁军:《三农问题与世纪反思》,北京:生活·读书·新知三联书店,2005 年,第 26 页。

从政治上看,土地改革之后,国家希望翻了身的农民不再是个体小农,于是,大力倡导和组织农民走集体化道路。在从互助组到初级农业合作社、再到高级农业合作社和人民公社制度的过程中,国家始终紧紧依靠雇农和贫农、下中农,使他们的权威地位得到巩固和强化。然而,"百分之九十五的农民承认对于百分之五的地主阶级财产的剥夺,实际上就意味着他们承认对于任何私有财产的剥夺,也即意味着对于自己的私有财产的剥夺。另外,百分之九十五的农民对于百分之五的地主阶级身份的承认,实际上意味着他们对于国家暴力的承认,也即意味着他们对于自己被压迫者地位的承认。"①从土地改革到人民公社时期,地主、富农诚然是国家暴力的对应物,可具有反讽意味的是,广大农民在通过阶级斗争剥夺、压迫地主、富农阶级,建立新经济、社会秩序的过程中,实际上也与地主、富农等"另类"农民一样成为被剥夺者和被压迫者。随着人民公社的建立,农民的生产资料被剥夺殆尽,国家权力以整体形象全面介入乡村社会生活的方方面面,农民在生产上的自主权几乎完全丧失,日常行为深受意识形态的约束。国家对农村干部群众的控制方式包括召开会议、"办学习班",甚或"专政"等。那时大队和生产队干部的工作方式主要是开会,包括参加县和公社召开的会议和主持召开干部群众会议,传达上级的政策精神,灌输"正统"的社会主义意识形态,安排农村的生产生活。对于有悖于上级政府政策和意识形态的行为,轻者"办学习班"以"改造思想",重者则要对之实行"专政"。

国家对农民如此全面的干预和控制之所以得以实现,首先得益于新中国成立后国家已在农村建立了严密的党政权力体制。土地改革之后,不仅中国共产党已经在农村建立和健全了党支部、农会、民兵、妇联和儿童团等组织,而且国家权力向基层农村社会的延伸,建构起了乡镇和村政权,每一户农民都已处于党政权力的网络之中。而后,随着合作化运动的开展,初级社和高级社的建立,村务和社务逐渐重合,初级社下辖生产队

---

① 曹树基:《国家与农民的两次蜜月》,载《读书》2002 年第 7 期,第 21 页。

（组），并设"三长五员"，已使村民日常生活的基本内容为初级社所囊括，村政工作日渐虚化；高级社时，村、社已趋合一。到人民公社建立，政社合一体制宣告形成。这种体制必然孕育村政权力的全能性特征。尽管人民公社的管理体制，从公社统一核算、统一分配，而以大队为基础、三级核算，而三级所有、队为基础，并非一成不变，但自 1961 年 10 月中共中央决定人民公社由原来以大队为基本核算单位改为以生产队为基本核算单位后，特别是 1962 年 8 月，中共八届十中全会通过了《农村人民公社工作条例（修正草案）》，进一步明确了生产队是人民公社的基本核算单位之后，人民公社的大队—生产队体制稳定了下来。大队—生产队体制与传统村政有很大的不同。传统村政是一种社区公共权力体制，它主要承担社区公共职能，是一种典型的行政治理结构。而政社合一的大队—生产队体制不仅继续承担原来的行政职能，而且将权力触角伸进村庄生活的经济、社会乃至于文化领域，成为村庄生产和生活的具体指挥、组织与协调者。[1]

村政权力的全能化，从国家与社会关系的角度看，意味着国家权力对社区权力的遮蔽，对村庄自主性的控制。这与吉登斯（Anthony Giddens）等人对民族—国家（Nation-State）建构的论述颇为相似。从世界历史范围来看，国家政权建设是近代社会的主导过程之一。不少西方学者从欧洲中心的立场出发，以民族—国家的成长为线索，对现代国家和现代社会做了大量论述。吉登斯认为，现代社会以民族—国家为特征，其突出表现是国家与社会的高度融合，社区和人的生活不断从地方性约束中"解放出来"，直接面对国家。他说："传统国家本质是裂变性的，其国家机器可以维持的行政权威非常有限。传统国家有边陲（包括次位聚落边陲）而无国界，这一事实表明其体系整合水平相对有限。至关重要的是应该强调指出：作为'社会体系'，传统国家如何有别于现代国家。大型传统国

---

① 吴毅：《村治变迁中的权威与秩序》，北京：中国社会科学出版社，2002 年，第 91 页。

家内部存在异质性,因而我们可以认为,它们是由'众多社会组成的'。"①"阶级分化的社会中(吉登斯把'传统国家'traditional state 称为'阶级分化的社会'class-divided societies——引者),事实上存在的而且能由国家予以牢固控制的'越轨',只见于国家的官员以及那些同他们保持正规行政联系的人。其他人只要不造反并顺从地交纳税赋(不管是货币形式、实物形式还是苦役),那么,他们在日常生活中所做的一切与'越轨'都不会引起真正的麻烦。习俗和传统在乡村社区中持久地存在着,即便它们与统治精英们的信仰和实践具有巨大的差异,它们通常仍是巩固了而不是倾向于以任何方式来动摇国家的权力。中国,一如其他地区,乡村和小镇均实行有效的自我管理,关于这一点,马克思在其对'东方农村公社'所作的著名讨论中就已指出过,而韦伯在其中国研究中又对此作了更为精深的阐发。"②"随着民族—国家的到来,国家成了一个行政和领土有序化的统一体,这在以前还未曾出现过。这个统一体不可能纯粹是行政性的,因为它所包含的协调活动预设了文化同质性的因素。通讯的扩大不可能离开'观念'上对整个共同体的把握,这个共同体是能知能识的公民总体。一个民族—国家就是一个'观念共同体',而传统国家却并非如此。共享通用的语言和通用的象征历史性是达致'观念共同体'的最彻底的方法。"③而盖尔纳(Ernest Gellner)也认为,传统社会向现代社会的转型是社区受国家和全民社会渗透的过程。④ 按照这些论述,人民公社的实践似乎推进了民族—国家的建设。然而,建立在指令性计划经济基础之上的高度集权的人民公社体制始终无法从根本上解决国家制

---

① [英]安东尼·吉登斯:《民族—国家与暴力》,胡宗泽、赵力涛译. 北京:生活·读书·新知三联书店,1998 年,第 63 页。

② [英]安东尼·吉登斯:《民族—国家与暴力》,胡宗泽、赵力涛译. 北京:生活·读书·新知三联书店,1998 年,第 71 页。

③ [英]安东尼·吉登斯:《民族—国家与暴力》,胡宗泽、赵力涛译. 北京:生活·读书·新知三联书店,1998 年,第 264 页。

④ [英]厄内斯特·盖尔纳:《民族与民族主义》,韩红译. 北京:中央编译出版社,2002 年,第 11—51 页。

度建设的五个基本问题,即国家的认同性(identity)、合法性(legitimacy)、渗透性(penetration)、参与性(participation)和分配性(distribution)问题,危机四伏。认同性危机主要表现在农民以窝工等形式抵制国家的集体化政策;合法性危机主要表现在农民对代表国家的基层干部假意屈从;参与性危机主要表现在农民的政治参与变成了以"挣政治工分"为目的的被动式参与,使社员大会及社员代表大会等民主参与制度名存实亡;分配性危机主要表现在"大锅饭"式的平均主义使按劳分配原则名不副实。只有渗透性比较强劲。① 可是,"国家政权建设,并非只涉及权力扩张,更为实质性的内容是,它必定还涉及权力本身性质的变化、国家——公共(政府)组织角色的变化、与此相关的各种制度——法律、税收、授权和治理方式的变化、公共权威与公民关系的变化。这些方面预示着,国家政权建设能够成功取代其他政治单位或共同体、成为版图内公民归属中心的关键,在于伴随这个过程出现的不同于以往的治理原则,一系列新的社会身份分类,不同成员权利和相互关系的界定,以及公共组织自己成为捍卫并扩散这些基本原则、权利和关系的政治实体。在理解国家政权建设方面,这些方面代表的规范性意义十分重要。它的重要性在于,国家政权建设以新的治理原则为基础建立政府组织,并用一系列制度建制支撑、规范它的服务"②。张静从此视角出发对人民公社制度作了深刻而中肯的分析,指出,尽管公社对农民进行以基层政权为中心、为主导的重新组织,将几乎所有的生产、经营、居住及迁徙活动都掌握在基层政权手中,主要的农业资源及其分配由基层政权支配,但这是一个生产、动员和管理的组织化过程,而非利益的组织化过程。它没有遇到强有力的抵制,原因是"经济剥削"的理论解释和"分财"的处理方法得到了大多数人的认同,平息阶级间利益冲突代替并掩盖了社会身份间可能再造的利益冲突。在新的地方权威——基层组织的重建中,传统权威的政治经济力量已经受到重创,

① 郭正林:《中国农村权力结构》,北京:中国社会科学出版社,2005年,第153—155页。
② 张静:《现代公共规则与乡村社会》,上海:上海书店出版社,2006年,第47—48页。

农民被迅速地组织到新的权威周围。新的地方权威对贫困农民的经济帮助,以及后者在变革中政治地位的改变,赋予了当时的基层政权有效的社会整合作用。这种整合不是通过建立利益权利平衡的制度安排,而是通过政治变革——掌权者团体成分的变化以及经济变革——财产的公共组织支配和均分达成的。这个变革将剥夺的财产均分给最贫困的农民,从而使其成为基层政权的强大支持力量。曾有一度,基层政权和社会的利益联系达到了前所未有的程度,它甚至可以一呼百应地动员社会。但是这种动员遇到了利益结构的限制,基层政权因而强烈地依赖于"积极响应号召"的骨干带动,而主要不再以农民受切身利益驱动而积极投入为基础。"一致"利益的假定并没有实际结构的支持,基层政权和农民之间存在诸多的利益矛盾。利益分离结构在人民公社时期延续着,它使得基层政权的立场导向授权者方,它的"服务"对象有相当部分是朝上的,社会利益的满足受到进一步的约束。对这种结构来说,强化社会权力是威胁而不是安全,所以政权和其社会基础的关系越来越弱,基层政权和社会整体产生疏离。在人民公社体制下,自上而下的授权关系得到了强化,但对基层组织的官方授权,刺激的是基层干部集团内部利益组织化的发展,社会本身的组织化并没有得到相应的发展。这个过程有建立了一个可以随时使用国家名分的基层组织,基层组织有选择地贯彻国家的意图,但更多的是利用官方地位增加自己集团的政治经济利益。国家政权建设本应造成权力沿科层体系向上移动,但基层组织的巨大权力空间表明,在治理规则方面它仍然沿用以往的惯例,基层还是在基层政权的控制之中。从表面上看,虽然控制农村资源的人群变了,而且他们更多地具有官方的身份,但他们并没有实际作用于贯彻统一的、普遍的治理规则,也没有作用于增长基层社会在权利保护方面对国家法规的依赖,更没有有助于基层社会和国家体制的实质性联系。① 以此看来,美国学者弗里曼(Edward

---

① 张静:《基层政权——乡村制度诸问题》,杭州:浙江人民出版社,2000 年,第 33—46 页。

Friedman）等人根据对华北平原河北省饶阳县五公村的长期调查研究所得出的结论具有一定的普遍意义。他们认为，20 世纪 50 年代的土地改革，加上风调雨顺的农业收成，使国家与农民建立了"蜜月关系"。然而，正是农业集体化加速了国家对农村社会的控制，始料不及的后果是断送了国家与农民的密切关系。表面上，农村和农民被国家控制了，实际上却是被农村干部所控制。因为"从深层次看，抵制变迁和保护稳定的结构性因素不是受到教条主义者的政策风向的冲击，就是受到改革者的政策风向的冲击。既没有致力于转变内在的政治文化，对保定性的国家控制提出异议，也没有摧毁地方上牢固的关系网络。政治文化、国家控制和地方关系网络结合得如此之深，以至于已经不能通过特殊的政策来摧毁它了"①。

如此看来，人民公社制度其实继续了杜赞奇所谓民国时期"政权内卷化"的特征。其原因主要是国家对土地产权制度安排的干预，国家出于单方面的利益考虑建构了集体化的土地制度，农民从一开始就被设定在从属于国家利益的角色上，因而，对该制度安排消极、冷漠以对。② 其影响不仅在经济上导致了"经济内卷化"，低效率经济长期徘徊，而且在政治上，国家虽通过意识形态实现了对乡土社会的全面控制，但新的普遍性治理原则没有真正确立，致社会严重萎缩，能动性、创造性被严重压抑。

---

① 弗里曼、毕克伟、赛尔登：《中国乡村，社会主义国家》，陶鹤山译，北京：社会科学文献出版社，2002 年，第 371—372 页。
② 董国礼：《政权内卷化及其影响下的农业经济绩效》，载《学海》2001 年第 1 期，第 132—135 页。

第六章　继承与升华:中国特色社会主义新农村建设的探索

　　党的十一届三中全会以来,我国农村发生了许多重大变化。其中,影响最深远的是,普遍实行了多种形式的农业生产责任制,而联产承包责任制又越来越成为重要形式。联产承包责任制采取了统一经营与分散相结合的原则,使集体优越性和个人积极性同时得到发挥。

——中共中央《当前农村经济政策若干问题》①

　　中国是一个农业国,"农民真苦、农村真穷、农业真危险"的问题长时间得不到解决,自然会让人忧心忡忡。

——李昌平②

　　农业是安天下、稳民心的战略产业,没有农业现代化就没有国家现代化,没有农村繁荣稳定就没有全国繁荣稳定,没有农民全面小康就没有全国人民全面小康。我国总体上已进入以工促农、以城带乡的发展阶段,进入加快改造传统农业、走中国特色农业现代化道路的关键时刻,进入着力破除城乡二元结构、形成城乡经济社会发展一体

---

　　① 中共中央文献研究室、国务院发展研究中心:《新时期农业和农村工作重要文献选编》,北京:中央文献出版社,1992 年,第 165 页。

　　② 李昌平:《我向百姓说实话》,呼和浩特:远方出版社,2004 年,第 271 页。

化新格局的重要时期。我们要牢牢把握我国社会主义初级阶段的基本国情和当前发展的阶段性特征,适应农村改革发展新形势,顺应亿万农民过上美好生活新期待,抓住时机、乘势而上,努力开辟中国特色农业现代化的广阔道路,奋力开创社会主义新农村建设的崭新局面。

——《中共中央关于推进农村改革发展若干重大问题的决定》①

改革开放以来,中国共产党领导中国人民在建设社会主义现代化的实践中,开创了中国特色社会主义道路,形成了中国特色社会主义理论体系。中国特色社会主义新农村建设的探索是这一道路和理论体系的重要内涵,是对以往乡村建设理论与实践的继承、超越和升华。

一、家庭联产承包责任制的兴起
和人民公社制度的终结

1949 年之后建构新农村的过程,包括人民公社制度的实践,是掌握社会资源的国家在借鉴先发现代化国家经验并根据马克思主义经典作家的构想,设计出改造乡村社会的理想蓝图,然后通过严密的政权体系实施的过程。在建构理想的指导下,国家希望对乡村实行彻底改造,以建立一个与旧秩序毫无联系的新社会。② 然而,这种纯粹从国家的视角出发的"极端现代主义"的计划注定是要失败的。因为"被设计或规划出来的社会秩序一定是简单的图解,他们经常会忽略真实的和活生生的社会秩序的基本特征。……任何生产过程都依赖于许多非正式的和随机的活动,

---

① 见于《国家林业局公报》2008 年第 4 期。

② 吴淼:《决裂——新农村的国家建构:江汉平原中兴镇的实践表述(1949—1978)》,北京:中国社会科学出版社,2007 年,第 278 页。

而这些活动不可能被正式设计在规划中。仅仅严格地服从制度而没有非正式和随机的活动,生产可能在事实上已经被迫停止"①。"'三级所有,队为基础'的人民公社制度在实际运作中暴露出一系列的弊端,克服这些弊端的传统办法是超经济的政治强制,是持续不断地开展阶级斗争和路线斗争,是不遗余力地向农民灌输社会主义思想。但是,经济不会长期听任政治的摆布,经济演变的逻辑或迟或早会冲破政治的樊篱而表现出它的不以个人的意志为转移的特征;社会不会长期听凭与之不相适应的制度的控制,它或迟或早会迫使制度朝着更适合于它的发展的方向变革。"②早在 20 世纪 50 年代和 60 年代初期,我国农村局部地区就曾发生过 3 次较大规模的包产到户风潮。虽然在政治的高压之下被很快平息,但"野火烧不尽,春风吹又生"。1978 年安徽凤阳小岗村自发搞起了包干到户后,许多地方纷纷仿效,先是安徽和四川,而后也蔓延到其他一些省市自治区。而历经"文化大革命"劫难的中国共产党,在十一届三中全会上,制定了改革开放的基本国策,重新确立了"解放思想,实事求是"的思想路线,逐步解除了意识形态禁锢包产到户的"紧箍咒"。在 1979 年经过讨论之后,中国共产党的政策向支持包产到户方面转变。1980 年 5 月31 日,邓小平在与中央负责同志谈农村政策问题时说:"农村政策放宽后,一些适宜搞包产到户的地方搞了包产到户,效果很好,变化很大。安徽肥西县大多数生产队搞了包产到户,增产幅度很大。'凤阳花鼓'中唱的那个凤阳县,绝大多数生产队搞了大包干,也是一年翻身,改变面貌。有的同志担心,这样搞会不会影响集体经济。我看这种担心是不必要的。……实行包产到户的地方,经济的主体现在也还是生产队。"③受邓

---

① [美]詹姆斯·C.斯科特:《国家的视角:那些试图改善人类状况的项目是如何失败的》,王晓毅译,北京:社会科学文献出版社,2004 年,第 6 页。

② 张乐天:《告别理想——人民公社制度研究》,上海:上海人民出版社,2005 年,第339 页。

③ 郑韶:《中国经济体制改革二十年大事记》,上海:上海辞书出版社,1998 年,第24—25 页。

小平谈话鼓舞,"大包干"迅速推向全国。1980 年 11 月,全国农村实行包产到户的生产队比重占到15%,到1982 年6 月底,该比重上升为67%①。1982 年9 月,中国共产党第十二次全国代表大会报告《全面开创社会主义现代化建设的新局面》中对以包产到户为主要形式的农业生产责任制改革给予了充分的肯定:"这几年在农村建立的多种形式的生产责任制,进一步解放了生产力,必须长期坚持下去,只能在总结群众实践经验的基础上加以完善,绝不能违背群众的意愿轻易变动,绝不能走回头路。"包产到户随即在全国范围内普及。到1984 年末,98.9% 的生产队实行了包产到户。②

随着农业经营体制从集体经营转变为家庭经营,人民公社组织的凝聚力迅速弱化,原来的社会秩序受到强烈冲击,广西宜山、罗城一带农民面对社会秩序的激烈动荡,以自己的首创精神自发地建立了新的组织形式——村民委员会,实行新的农村管理机制——村民自治。③ 然而,村委会和村民自治在全国范围内的建立和实行,并不纯粹是诱制性的制度变迁,而是诱制性与强制性相结合的制度变迁。④ 中国共产党尊重实践,尊重人民群众在实践中的创造,对之积极支持、引导和推广。1982 年8 月,中共中央发出第36 号文件,指出建立村民委员会的经验是成功的,要求各地有计划地建立村民委员会试点。同年底,村民委员会正式载入宪法第111 条,并规定了其为群众自治组织的性质。村民委员会及其村民自治遂得以合法化,开始在全国范围内推广。1983 年10 月,中共中央、国务院发布《关于实行政社分开建立乡政府的通知》,要求各地把政社分开,建立乡政府,并就如何建立村民委员会作了具体规定。1984 年末,全国各地普遍完成了撤社、队建乡(镇)、村的工作。经济高度集中、政治高

---

① 曾培炎主编:《新中国经济 50 年》,北京:中国计划出版社,1999 年,第98 页。

② 张红宇:《中国农民与农村经济发展》,贵阳:贵州人民出版社,1994 年,第25 页。

③ 徐勇:《乡村治理与中国政治》,北京:中国社会科学出版社,2003 年,第3—13 页。

④ 周振超《农民社区自治组织产生与发展的政治社会学分析》,载《安阳工学院学报》2005 年第4 期,第55—58 页。

度集权的政社合一的人民公社制度推出了历史舞台。

二、新形势下"三农问题"的凸显和
新乡村建设运动的兴起

　　家庭联产承包责任制的实行和人民公社制度的终结,确立了农户经营主体的地位,使广大农民久被压抑的生产积极性迸发出来。1979—1984 年间,中国农业经济超常规增长。全国农业总产值年均增长 7.3%；粮食产量由 3 亿吨增至 4 亿吨,年均增长 6.2%；棉花、油料产量分别年均增长 19.3% 和 14.7%；农民收入年均增长 13.4%,城乡居民收入差距由 2.1∶1 缩小为 1.7∶1,消费差距由 2.8∶1 缩小为 2.3∶1。随着农业生产连年丰收,1985 年,农产品在中国历史是第一次出现结构过剩,政府因之进行了农产品销售体制改革。1985—1988 年间,尽管农村种植业生产速度明显减缓,但由于畜牧业和渔业的快速增长,农业总产值仍以年均 4.1% 的速度递增。与此同时,乡镇企业异军突起,年均产值增长速度高达 50%,占农业社会总产值的比重由 20% 增加到 50% 以上,每年吸收上千万农村劳动力就业。[①]

　　可是,由于粮棉生产徘徊不前,从 80 年代末开始,农民收入增长速度放缓。1991 年,农民收入出现负增长。城乡居民收入差距和消费差距恢复到改革开放前的水平。"到了 90 年代,尽管出台了粮棉等农产品大涨价政策,税费改革、机构改革、户籍制度改革等一系列大的改革措施,但每一项改革措施都没有达到预期目的。政府花了比 80 年代大得多的力气,但农村的问题似乎越来越复杂,农民的日子越来越艰难"。[②] 终于,在

---

　　①　曾培炎主编:《新中国经济 50 年》,北京:中国计划出版社,1999 年,第 247—248 页。

　　②　李昌平:《我向百姓说实话》,呼和浩特:远方出版社,2004 年,第 268 页。

2000年3月,曾任湖北省监利县棋盘乡党委书记的李昌平含泪上书朱镕基总理,痛陈"农民真苦、农村真穷、农业真危险。"①尽管"李昌平不是第一个提出'三农'问题的人,但以一个乡党委书记的身份,系统提出、以数据说话、以亲身经历讲话的,他是第一个"②。因而石破天惊,使"三农"问题再次成为政府和全社会高度的热点和焦点问题。

振聋发聩的"农民真苦、农村真穷、农业真危险"可谓是名副其实的盛世危言。因为20世纪90年代以来的"三农危机",如农村日益"空巢化"、土地撂荒严重,农民负担不堪重负,乡村债台高筑,基层干群关系紧张,政府失灵等问题,是在国家工业化积累业已完成,国家财政收入已主要依赖工商业而非农业的背景下所呈现的问题。尽管这些"危机"有目共睹,但中国农村又确实是处于历史上最好的时期。同时,"农民真苦、农村真穷、农业真危险"也是名副其实的醒世警言。它让整个社会开始正视和重视事关中国现代化事业全局的"三农问题"。

"三农"问题之所以在此情况下凸显,各有不同分析。如李昌平认为,是由于进入90年代后,"农村政治改革开放的步伐停了下来。不仅如此,很多部门权力大举渗透到农村,在农村攫取利益",致使"农村经济改革开放的成果成了政治体制的美餐,逐渐被政治体制所消耗掉了"。③有人认为:"归根到底,中国当前农村的危机是由于人民公社的解体所造成的农村组织溃散所引发的种种问题。"④还有人归纳为农业的天然弱质性、农业业劳动对象和劳动手段的弱质性、劳动主体的弱质性、农业组织上的弱质性、社会政策造成农村社会整体的弱质性。⑤ 不论何种诊断,人们普遍认为,新形势下"三农问题"是随着中国现代化进程的深入而产生

---

① 李昌平:《我向总理说实话》,北京:光明日报出版社,2002年,第20—27页。
② 李昌平:《我向总理说实话·杜润生序》,北京:光明日报出版社,2002年。
③ 李昌平:《我向百姓说实话》,呼和浩特:远方出版社,2004年,第269—270页。
④ 旷新年:《三农何以危机》,载《三农中国》2005年第2期。
⑤ 柴福洪:《"三农问题"研究》,http://www.cpirc.org.cn/yjwx/yjwx_detail_asp? id = 2012

的问题,是追求工业化的必然结果,它将长期存在;而且,在 21 世纪,三农问题是一个关乎中华民族能否实现可持续发展的重大战略问题。

面对新形势下的"三农问题"或"三农危机",新乡村建设的话语和行动在社会中涌动起来,而且影响越来越大。新乡村建设是工业化加速时期为了缓解城乡对立和农村衰败、进而危及国家可持续发展而进行的、以知识分子和青年学生为先导的、社会各个阶层自觉参与的、与基层农民及乡土文化结合的、实践性的改良试验;也包括在理论研究层面和国际交流等方面的相关工作。① 学术形态的新乡村建设,表现为历史学、经济学、社会学等学科对近现代以来的中国乡村建设思想史、民国乡村建设运动史、不同乡建学派代表人物传记、典型村落调查等进行了广泛深入的研究。乡村建设研究形成热潮。实验形态的乡村建设表现为,在全国很多地区,如河北、河南、山东、湖北、浙江、福建、四川、贵州、重庆、吉林、海南等省区,纷纷建立起理论和实践相结合的新乡村建设团体,开展实验活动。中国人民大学温铁军教授堪称此种形态的乡村建设的领军人物。他以中国人民大学乡村建设中心为基地,从 2000 年起,凝聚组织大批民间团体共同努力开始"新乡村建设运动",运动的核心内容是促进农民的精神自立和农民的组织化程度的提高,具体工作主要包括五个方面②:

(一)进行农民社区组织和发展人才的培训;建立了推进农民组织化和精神成长的新乡村建设学院和流动性的培训机构。免费地培养优秀的农民社区带头人,为农村培养组织、技术、社区工作、社区服务的人才。

(二)为农民的组织化召开一些交流和研讨性的各种会议,其中包括一些高层和农民直接对话的会议,推动政府、知识界加快和农民的交流。

(三)在全国建立农民的组织化试验基地;在中国各地农村建立组织化实验基地和培训机构。

---

① 温铁军:《中国新乡村建设问答》, http://xcjs. peoplexz. com/2865/2930/20080728151013. htm

② 《新乡村建设运动》,http://blog. tom. com/qdhylg/article/382. htm/

（四）创建专门为农民服务的媒体和网站，促进农民组织化和权益维护方面的信息沟通和交流；组织出版农村版杂志、家喻户晓的必读书，提高农民素质。

（五）建立农民工技能培训机构、权益维护组织，促进进城农民权益的维护和能力发展。建立农民工文艺演出队，丰富农民工精神生活。

此外，华中科技大学农村治理研究中心、华中师范大学中国农村问题研究中心、河北省定州市东亭镇翟城村晏阳初乡村建设学院及有关高校学生社团也开展了大量的乡村建设活动。他们仿效晏阳初、梁漱溟当年的做法，开辟新乡村建设试验基地、农民综合培训与专题培训（如合作社骨干培训）、推广农业新技术、发展老年人协会、创建秧歌队和腰鼓队等文艺组织，组织大学生开展乡村行动如农村调查研究、法律咨询和农民维权活动等。

新乡村建设的涌现，乃基于新乡村建设的提倡者、推动者和实践者一个共同的前提判断，即小农经济将长期存在，中国将长期保有大量农民在农村过着温饱有余、小康不足的生活，所以要治理和建设好农村，为中国参与世界竞争创造良好的环境和基础。但在社会各界中，乡村建设的理念和实践方式不尽相同，或着重于经济建设，或着重于文化建设；或主张村庄本位，或主张农民本位①。谭同学在认真梳理了乡村建设的主张后发现，新乡村建设因侧重于经济、权力和文化三个不同方面，有三种不同主张：一是农民增收导向下的乡村建设；二是民主权利导向下的乡村建设；三是社会文化导向下的乡村建设。而他认为，这三种主张都有其睿智之处，亦各有不足，应该将三者结合起来，设定农业社会的发展方向。

增加农民收入，无疑应是农村社会发展的导向之一，只有这样农民才可能有比较满意的物质生活。但必须认识到，从长远来看，农民增收是有限的，而且仅有这还不足让农民生活幸福。在物质层面之外，农民民主参

① 申端锋：《新乡村建设的几个问题》，载《三农中国》2006年第1期。

与农村社会事务管理,也是其提高生活满意度的重要方面。村民自治制度及其实践在这个方面起了重要作用,并且还有继续发挥作用的潜能。其运作中遇到的种种问题,与复杂的乡村社会的基础相关,故而应改善其"地基",而不应另起炉灶,不停在"沙滩"拆"房子"又盖"房子"。除了物质基础与民主权利需求之外,农民人生价值与生存尊严的实现,还依赖于和谐村庄共同体的认同、互助和可参与性的文化生活。这是无法转移到城市生活的农民,不因亲人子女的外出而陷入社会与精神层面的无助、无辜和无盼,也不因文化的边缘化而自感尊严缺失和精神绝望的社会"底线"。重建村庄文化,让集生产、生活与娱乐一体的村庄仍能成为农民安定生活的地方,已是和谐农村建设的必然要求。反过来,它又可通过塑造有凝聚力的村庄社会基础,为经济发展和民主推进创设良好的社会环境。①

因而他提出了三者兼顾突出文化建设导向的乡村建设的构想,主张在现有经济基础上,依托村民自治的制度框架,着重发掘重建农村社会文化,在增加农民收入、加强民主政治建设的同时,通过建设农村社会文化网络,提高农民闲暇消费质量,促进农村社会的协调发展。

虽然曾有人批评新乡村建设运动存在主体不明、走保守主义道路、解构现代化等,②但即便是批评者也不得不承认,新乡村建设运动在当今中国是必需的,是大有希望的。笔者以为,新乡村建设的探索已经为并将继续为解决"三农"问题提供了可自借鉴的宝贵的经验和智慧。

---

① 谭同学:《乡村建设的三种主张与农村社会发展导向》,载《三农中国》2005 年第 2 期。

② 张世保:《评今日之乡村建设运动》,http:/www. scuec. cn/tuanwei/view. php? kind=czjy&id=1029

三、社会主义新农村建设的思想与实践

应"农民真苦、农村真穷、农业真危险"的呼声,在民间新乡村建设运动如火如荼开展的同时,历来重视农业、农村和农民的中国共产党和人民政府更加重视"三农"问题,自中国共产党第十六次全国代表大会以来,中央持续高度关注农村经济社会发展,多次就"三农"问题出台"一号文件",逐步形成和完善了社会主义新农村建设的重要思想。

"建设社会主义新农村"不是一个新颖的提法。20 世纪 50 年代,中国共产党取得执政地位,建立了新政权之后,即提出了"建设社会主义新农村"的任务。其中所谓"新农村"乃相对于旧中国的"旧农村"而言,"社会主义"相对于旧中国半殖民地半封建社会的性质而言。改革开放之初,中国共产党和政府又提出了"建设社会主义新农村"的任务,其中的"新农村"则相对于改革开放前的农村。当然,"建设社会主义新农村"作为中国共产党和人民政府前赴后继不懈探索的伟大事业,其中不乏一脉相承的意涵,但由于以改革开放总设计师邓小平为核心的中国共产党第二代中央领导集体,在探索"什么是社会主义,如何建设社会主义"的基本问题上,创造性地发展了马克思主义,马克思主义中国化的重要成果——邓小平理论赋予了"建设社会主义新农村"以新的意涵。

中国共产党第十六次全国代表大会以来强调"建设社会主义新农村",是对中国共产党长期以来特别是改革开放以来重视"三农"问题的战略思想的继承和发展。不论是新中国成立初期,还是改革开放初期,"建设社会主义新农村"都只是一个方向性的一般性工作口号。只有中国共产党十六大以来提出的"建设社会主义新农村"才是有明确内涵的国家战略。它是中国共产党立足我国"三农"的基本国情,正视新形势下的"三农"问题,按照发展中国特色社会主义的要求,认真总结我国发展的实践,借鉴国外发展需要,审时度势地提出,逐步丰富和完善的。在新的历史条件下,中国共产党人清醒地认识到,虽然新中国成立以来特别是改革开放以来,中国农业和农村发生了历史性的深刻变化,农村经济社会发展取得了举世公认的伟大成就,但制约农业和农村发展的深层次矛盾尚未消除,促进农民持续稳定增收的长效机制尚未形成,农村经济社会发展滞后的局面尚未根本改变。全面建设小康社会,最艰巨最繁重的任务在农村;加快推进现代化,必须妥善处理工农城乡关系。建设社会主义新农村对于全面建设小康社会、开创中国特色社会主义事业新局面,具有非常重大的意义。经过长期的改革开放和发展,加快建设社会主义新农村,也已具备了多方面的有利条件。因而,中国共产党第十六次全国代表大会确立了全面建设小康社会的奋斗目标,指出建设现代农业,发展农业经济,增加农民收入,是全面建设小康社会的重大任务,明确提出了统筹城乡经济社会发展的思想。十六届三中全会强调,为适应经济全球化和科技进步加快的国际环境,适应全面建设小康社会的新形势,必须按照十六大提出的建成完善的社会主义市场经济体制和更具活力、更加开放的经济体系的战略部署,加快推进改革,进一步解放和发展生产力,为经济发展和社会全面进步注入强大动力。要按照统筹城乡发展、统筹区域发展、统筹经济社会发展、统筹人与自然和谐发展、统筹国内发展和对外开放的要求,更大程度地发挥市场在资源配置中的基础性作用,为全面建设小康社会提供强有力的体制保障。要建立有利于逐步改变城乡二元经济结构的体制,长期稳定并不断完善以家庭承包经营为基础、统分结合的双层经营体制,依法保障农民对土地承包经营的各项权利。农户在承包期内可依法、自愿、有偿流转土地承包经营权,完善流转办法,逐步发展适度规模经营。实行最严格的耕地保护制度,保证国家粮食安全。按照保障农民权益、控制征地规模的原则,改革征地制度,完善征地程序。完善农产品市场体系,把通过流通环节的间接补贴改为对农民的直接补贴,切实保护种粮农民的利益。加大国家对农业的支持保护,深化农村税费改革,切实减轻农民负担。要大力发展县域经济,加快城镇化进程,逐步统一城乡劳动力市场,形成城乡劳动者平等就业的制度,为农民创造更多就业机会。在十六届四中全会上,胡锦涛同志首次提出"两个趋向"的重要论断:"纵观一些工业化国家的发展历程,在工业化初始阶段,农业支持工业、为工业提供积累是带有普遍性的趋向;但在工业化达到相当程度以后,工业反哺农业、城市支持农村,实现工业与农业、城市与农村协调发展,也是带有普遍性的趋向。"①全会明确指出,我国现在总体上已到了以工促农、以城带乡的发展阶段,要把事关全面建设小康社会和社会主义现代化建设全局的"三农"问题作为全党全国工作的重中之重解决好。十六届五中全会审议通过的《中共中央关于制定国民经济和社会发展第十一个五年规划的建议》,提出建设社会主义新农村是我国现代化进程中的重大历史任务。② 2005 年 12 月 31 日,中共中央、国务院下发了《关于推进社会主义新农村建设的若干意见》,对建设社会主义新农村的意义、内涵和任务作了全面深刻的阐述,提出了总体目标、要求和应遵循的原则③。2006 年 2 月 14 日,中共中央举办了省部级主要领导干部建设社会主义新农村专题研讨班。胡锦涛同志在研讨班开幕式上作了《建设社会主义新农村,不断开创"三农"工作新局面》的讲话指出,党的十六届五中全会进一步明确提出建设社会主义新农村,与我们党改革开放以来提出的农村改革发展的目标,在战略思想上是一脉相承的,都是为了促进农业和农村的发展、改善农民生活,促进国家经济社会发展、保持社会稳定,同时又有鲜明的时代特征,是在新形势下加强"三农"工作、更好地推进全面建设小康社会进程和现代化建设的战略举措。全党同志一定要从党和国家工作全

---

① 中共中央文献研究室:《十六大以来重要文献选编》(中),北京:中央文献出版社,2006 年,第 311 页。

② 《中共中央关于制定国民经济和社会发展第十一个五年规划的建议》,见中共中央文献研究室编:《深入学习实践科学发展观活动领导干部学习文件选编》,北京:中央文献出版社、党建读物出版社,2008 年,第 87—119 页。

③ 《中共中央、国务院关于推进社会主义新农村建设的若干意见》,见中共中央文献研究室编:《深入学习实践科学发展观活动领导干部学习文件选编》,北京:中央文献出版社、党建读物出版社,2008 年,第 139—161 页。

局的高度,深刻认识建设社会主义新农村的重要性和紧迫性,增强做好工作的自觉性和主动性,切实担负起建设社会主义新农村的历史重任。①十六届六中全会通过了《中共中央关于构建社会主义和谐社会若干重大问题的决定》,要求贯彻工业反哺农业、城市支持农村和多予少取放活的方针,加快建立有利于改变城乡二元结构的体制机制,推进农村综合改革,促进农业不断增效、农村加快发展、农民持续增收。扎实推进社会主义新农村建设,促进城乡协调发展。② 2007 年,中共中央又下达一号文件《中共中央国务院关于积极发展现代农业扎实推进社会主义新农村建设的若干意见》强调,农业丰则基础强,农民富则国家盛,农村稳则社会安。加强"三农"工作,积极发展现代农业,扎实推进社会主义新农村建设,是全面落实科学发展观、构建社会主义和谐社会的必然要求,是加快社会主义现代化建设的重大任务。要以邓小平理论和"三个代表"重要思想为指导,全面落实科学发展观,坚持把解决好"三农"问题作为全党工作的重中之重,统筹城乡经济社会发展,实行工业反哺农业、城市支持农村和多予少取放活的方针,巩固、完善、加强支农惠农政策,切实加大农业投入,积极推进现代农业建设,强化农村公共服务,深化农村综合改革,促进粮食稳定发展、农民持续增收、农村更加和谐,确保新农村建设取得新的进展,巩固和发展农业农村的好形势。

按照《中共中央关于制定国民经济和社会发展第十一个五年规划的建议》、《中共中央、国务院关于推进社会主义新农村建设的若干意见》和《中共中央国务院关于积极发展现代农业扎实推进社会主义新农村建设的若干意见》等文件精神,建设社会主义新农村的内涵或总体目标是"生

---

① 胡锦涛:《深刻认识建设社会主义新农村的重大意义》,见中共中央文献研究室编:《深入学习实践科学发展观活动领导干部学习文件选编》,北京:中央文献出版社、党建读物出版社,2008 年,第 173—182 页。

② 《中共中央关于构建社会主义和谐社会若干重大问题的决定》,见中共中央文献研究室编:《深入学习实践科学发展观活动领导干部学习文件选编》,北京:中央文献出版社、党建读物出版社,2008 年,第 225—257 页。

产发展、生活宽裕、乡风文明、村容整洁、管理民主"。这是一个反映中国特色社会主义经济建设、政治建设、文化建设、社会建设四位一体的综合性概念。"生产发展"和"生活宽裕"属于物质文明建设的范畴,前者是建设社会主义新农村的物质基础,后者是社会主义新农村的物质体现。这八个字针对我国农业基础尚很薄弱、农业经济结构失衡、综合生产能力不高、农业增长乏力、农民增收减缓等情况,要求大力发展农业和农村经济,增加农民收入。"乡风文明"和"村容整洁"属于精神文明建设的范畴,前者是建设社会主义新农村的灵魂,后者是建设社会主义新农村的具体体现。这一对范畴针对我国一些农村封建迷信、赌博偷盗、伦理失衡、道德沦丧等现象比较严重,不稳定因素不少,社会安定和谐面临较大压力的状况,要求用社会公德、家庭美德、公正文明的村规民约规范村民行为,积极发展农村基层文化,普及科学知识,加强普法教育,提高农民法制意识,形成遵纪守法、诚实守信、文明礼貌的社会风气,培育科学、民主、健康向上的新风尚。"管理民主"属于政治文明建设的范畴,是建设社会主义新农村的政治保证。它针对农村在实施村民自治过程中,存在规范性不够、形式主义严重、村务不公开或公开不及时、不真实等现象,民主管理发展缓慢,群众不满意、干群关系紧张的状况,要求进一步完善村民自治制度,发展基层民主,坚持党支部领导、农民当家做主和依法治村相结合,对村级重大事务实行科学决策、民主决策和依法决策,推进农村民主管理制度化、规范化和程序化,确保广大农民群众依法行使当家做主的权利。总而观之,建设社会主义新农村的内涵或总体目标体现了科学发展观的要求和构建社会主义和谐社会的伟大思想。

这次社会主义新农村建设,是在我国国力显著增强的新形势下提出和实施的。经过多年改革开放,我国第二、第三产业取得长足发展,城镇人口比重增加,国家财政收入持续增长,总体上已具备了工业反哺农业、城市支持农村的能力。因而,这次社会主义新农村建设强调加大国家投入,实行工业反哺农业、城市支持农村,并动员全社会广泛参与,扶持力度更大,所取得的成就非常显著。从2002年至2007年的五年,全国农民人均纯收入保持了持续恢复性增长的好势头。2003 年增长了 4.3%,2004年增长了 6.8%,2005 年增长了 6.2%,2006 年增长了 7.4%,达到 3587元,与 2002 年的 2476 元相比增幅很大。2007 年上半年全国夏粮产量达11534 万吨,增产 146 万吨,是自 1985 年以来我国首次连续第四年夏粮丰收。同时,全国畜牧业继续保持稳定增长,乡镇企业增加值同比增长13.6%,农垦经济产值同比增长 11.6%。全国农民人均现金收入 2111元,同比增加 314 元,扣除价格因素实际增长 13.3%,是 1995 年以来同期增长最快的。在"多予、少取、放活"的方针政策指引下,从 2004 年至2007 年,中共中央、国务院陆续出台一系列"高含金量"的政策措施,进一步加大财政支农力度,各级政府也切实把社会事业发展的重点转向农村,使乡村道路建设步伐加快,农村义务教育和医疗保障有所加强,村容村貌取得新变化,村庄建设规划开始起步,生活环境得到较大改善。自党中央、国务院 2006 年年底作出在全国范围内建立农村最低生活保障制度的决策以来,到 2007 年 6 月底,全国已有 31 个省区市初步建立了农村最低生活保障制度,覆盖 2068 万人。同时,从 2006 年起,在全国范围内推行的农村义务教育经费保障机制改革,逐步将农村义务教育纳入公共财政保障范围。2007 年全国农村义务教育阶段的中小学生全部免除了学杂费,家庭经济困难学生还将获得免费教科书和寄宿生生活费补助。随着新型农村合作医疗制度建设的加快,长期困扰农民的"看病难、吃药贵"问题也将得到缓解。2007 年新型农村合作医疗制度试点范围将扩大到全国 80% 以上的县(市、区),提前一年基本在全国范围内建立起新型农村合作医疗制度。农村社会保障方面的工作力度也进一步加大,劳动和社会保障部正研究和采取措施,切实将农民工纳入工伤保险,积极推进农民工参加大病医疗保险统筹,探索农民工养老保险政策,做好被征地农民就业培训和社会保障工作,并在有条件的地方,探索建立农村社会养老保险制度。农村文化事业发展呈现良好的势头,欠发达地区综合文化站的改扩建和农村危旧公共文化设施的改造步伐逐步加快,有关部门正采取多项措施,着力实施农村文化重点工程建设,改善、提升农村公共文化基础设施条件和服务水准。①

社会主义新农村建设为中国现代化提供一条崭新的道路。诚如贺雪峰所说,2006 年中央一号文件所提出的新农村建设要"经济建设、政治建设、文化建设、社会建设和党的建设"五大建设并举,这是试图通过社会建设和文化建设(及必然同时进行的经济建设、政治建设和组织建设),来抵消市场经济和消费主义文化对农民福利的负面影响,使农民可以得到中国现代化建设的整体好处,从而使农民成为中国现代化的支持者,以最终实现中国现代化的思路。这种新的综合性的新农村建设,是在与农民经济收入水平相一致情况下,因而是在有九亿农民作内在动力的情况下,进行的一场"低消费(因此可以是低污染、低能耗)、高福利"的生活方式建设,就不只是要为收入增长不快的农民增加福利提供一种说法,而且这种说法因为有庞大群众的实践,而具有相当的正当性,这种正当性不是以消耗不可再生资源和污染环境来证明人的价值,而是以人与自然、人与人、人与自己内心世界的和谐相处,来证明人的价值。这种正当性,与中国传统文明中"天人合一"的智慧,与东方文明中"知足常乐"的智慧,与环保主义中与自然和谐相处、敬畏自然的主张合拍,从而可能在地球不可再生资源越来越少,人类以高消费为基础的掠夺式文明不可持续时,为人类社会提供一种可能的文明选择。②

现如今,开局良好的社会主义新农村建设正稳步继续前行,如火如荼,方兴未艾。我们坚信这不仅是解决中国"三农"问题,使乡土中国超越乡土的正确道路,而且是中华民族伟大复兴的圆梦之路。

---

① 董峻、李雪:《经典中国·辉煌成就:社会主义新农村建设扎实稳步推进》,http://cpc. people. com. cn/GB/64093/64387/6160241. htm/
② 贺雪峰:《新农村建设与中国道路》,载《读书》2006 年第 8 期,第 98—99 页。

主要参考文献

一、著 作

[美]艾凯:《最后的儒家——梁漱溟与中国现代化的两难》,王宗昱、冀建中译,南京:江苏人民出版社,2004年。

[英]安东尼·吉登斯:《民族—国家与暴力》,胡宗泽、赵力涛译.北京:生活·读书·新知三联书店,1998年。

薄一波:《若干重大决策与事件的回顾》(下),北京:中央党校出版社,1993年。

《陈云文稿选编(1949—1956年)》,北京:人民出版社,1982年。

陈佩华、赵文词、安戈:《当代中国农村历沧桑——毛邓体制下的陈村》,孙万国、杨敏如、韩建中译,香港:Oxford University Press(China) Ltd. ,1996年。

[美]大卫·阿古什:《费孝通传》,董天民译.郑州:河南人民出版社,2006年。

[美]杜赞奇:《文化、权力与国家——1900—1942年的华北农村》,王福明译,南京:江苏人民出版社,1994年。

[英]厄内斯特·盖尔纳:《民族与民族主义》,韩红译,北京:中央编译出版社,2002年。

范伟达、王竞、范冰编著:《中国社会调查史》,上海:复旦大学出版社,2008年。

费孝通:《乡土重建》,见《民国丛书》第三编(14),上海:上海书店,1948年。

费孝通:《社会调查自白》,北京:知识出版社,1985年。

费孝通:《江村农民生活及其变迁》,兰州:敦煌文艺出版社,1997年。

费孝通:《乡土中国 生育制度》,北京:北京大学出版社,1998年。

《费孝通文集》第8卷,北京:群言出版社,1999年。

《费孝通文集》第9卷,北京:群言出版社,1999年。

《费孝通文集》第 10 卷,北京:群言出版社,1999 年。

《费孝通文集》第 11 卷,北京:群言出版社,1999 年。

《费孝通文集》第 12 卷,北京:群言出版社,1999 年。

费孝通、张之毅:《云南三村》,北京:社会科学文献出版社,2006 年。

费孝通:《中国绅士》,惠海鸣译,北京:中国社会科学出版社,2006 年。

[美]费正清:《美国与中国》,张理京译,北京:世界知识出版社,2001 年。

[德]斐迪南·滕尼斯:《共同体与社会——纯粹社会学的基本概念》,林荣远译,
  北京:商务印书馆,1999 年。

弗里曼、毕克伟、赛尔登:《中国乡村,社会主义国家》,陶鹤山译,北京:社会科学
  文献出版社,2002 年。

顾颉刚:《古史辨》第三册,北平:樸社出版,1931 年。

顾颉刚:《古史辨》第一册,北平:樸社出版,1936 年。

顾颉刚:《孟姜女故事研究集》,上海:上海古籍出版社,1984 年。

顾颉刚:《妙峰山》,上海:上海文艺出版社,1988 年。

《顾颉刚古史论文集》第一册,北京:中华书局,1988 年。

顾颉刚等辑、王煦华整理:《吴歌·吴歌小史》,南京:江苏古籍出版社,1999 年。

郭正林:《中国农村权力结构》,北京:中国社会科学出版社,2005 年。

韩明汉:《中国社会学史》,天津:天津人民出版社,1987 年。

《胡适文选》,亚东图书馆,1930 年。

胡绳主编:《中国共产党的七十年》,北京:中共党史出版社,1991 年。

黄应贵、叶春荣主编:《从周边看汉人的社会与文化》,台北:中央研究院民族学研
  究所,1997 年。

黄永贵:《中国民间文化与新时期小说》,北京:人民出版社,2007 年。

黄树民:《林村的故事:1949 年后的中国农村变革》,素兰、纳日碧力戈译,北京:生
  活·读书·新知三联书店,2002 年。

[美]吉尔伯特·罗兹曼:《中国的现代化》,国家社会科学基金"比较现代化"课题
  组译,南京:江苏人民出版社,2005 年。

[美]詹姆斯·C.斯科特:《国家的视角:那些试图改善人类状况的项目是如何失
  败的》,王晓毅译,北京:社会科学文献出版社,2004 年。

李景汉:《北平郊外之乡村家庭》,北平:商务印书馆,1929年。

李景汉编著:《定县社会概况调查》,上海:上海世纪出版集团,2005年。

李昌平:《我向总理说实话》,北京:光明日报出版社,2002年。

李昌平:《我向百姓说实话》,呼和浩特:远方出版社,2004年。

李德芳:《民国乡村自治问题研究》,北京:人民出版社,2001年。

李友梅:《费孝通与20世纪中国社会变迁》,上海:上海大学出版社,2005年。

梁启超:《变法通议·论译书》,《饮冰室合集·文集之一》,中华书局影印本。

梁启超:《新史学·中国之旧史》,《饮冰室合集·文集之九》,中华书局影印本。

梁启超:《中国历史研究法》,南京:江苏文艺出版社,2008年。

《梁漱溟全集》第一卷,济南:山东人民出版社,2005年。

《梁漱溟全集》第二卷,济南:山东人民出版社,2005年。

《梁漱溟全集》第五卷,济南:山东人民出版社,2005年。

《梁漱溟全集》第七卷,济南:山东人民出版社,2005年。

梁漱溟:《中国文化要义》,上海:上海世纪出版集团,2005年。

梁漱溟:《东西文化及其哲学》,上海:上海世纪出版集团,2006年。

梁漱溟:《乡村建设理论》,上海:上海世纪出版集团,2006年。

林耀华:《金翼:中国家族制度的社会学研究》,庄孔韶、林宗成译,北京:生活·读书·新知三联书店,1989年。

林耀华:《凉山彝家的巨变》,北京:商务印书馆,1995年。

林耀华:《从书斋到田野》,北京:中央民族大学出版社,2000年。

《卢作孚文集》,北京:北京人学出版社,1999年。

刘俐娜:《由传统走向现代——论中国史学的转型》,北京:社会科学文献出版社,2006年。

刘重来:《卢作孚画传》,重庆:重庆出版集团重庆出版社,2007年。

刘朝晖:《超越乡土社会:一个侨乡村落的历史文化与社会结构》,北京:民族出版社,2005年。

鲁滨孙:《新史学》,何炳松译,北京:商务印书馆,1989年。

[美]明恩浦:《中国乡村生活》,午晴、唐军译,北京:时事出版社,1998年。

[美]明恩浦:《中国人德行》,张梦阳、王丽娟译,北京:新世界出版社,2005年。

[美]M. G. 马森:《西方的中国及中国人观念1840—1876》,杨德山译,北京:中华书局,2006年。

[英]马林诺夫斯基:《文化论》,费孝通等译,北京:中国民间文艺出版社,1987年。

[英]马林诺夫斯基:《原始社会的犯罪与习俗》,原江译,昆明:云南人民出版社,2002年。

马三杰等编:《当代中国的乡镇企业》,北京:当代中国出版社,1991年。

[英]莫里斯·弗里德曼:《中国东南的宗族组织》,刘晓春译.上海:上海人民出版社,2000年。

《毛泽东选集》第一卷,北京:人民出版社,1991年。

《毛泽东选集》第二卷,北京:人民出版社,1991年。

《毛泽东选集》第三卷,北京:人民出版社,1991年。

《毛泽东选集》第四卷,北京:人民出版社,1991年。

秦晖:《传统十论——本土社会的制度、文化及其变革》,上海:复旦大学出版社,2004年。

瞿韶华:《中华民国史事纪要初稿》(1942年10—12月),台北:中央文物供应社,1993年。

[美]施坚雅主编:《中华帝国晚期的城》,叶光庭等译,北京:中华书局,2000年。

[美]施坚雅:《中国农村的市场和社会结构》,史建云、徐秀丽译,北京:中国社会科学出版社,1998年。

《晏阳初文集》,北京:教育科学出版社,1989年。

《晏阳初全集》,长沙:湖南教育出版社,1989年。

宋恩荣、熊贤君:《晏阳初教育思想研究》,沈阳:辽宁教育出版社,1994年。

《卢作孚文选》,重庆:西南师范大学出版社,1989年。

陶希圣:《中国社会之史的分析》,新生命书局,1930年。

王同惠:《广西省象县东南乡花篮猺社会组织》,载《广西省政府特约研究专刊》,1936年。

[美]沃尔夫著:《乡民社会》,张恭启译,台北:巨流图书公司,1983年。

汪东林:《梁漱溟问答录》,长沙:湖南出版社,1992年。

王铭铭:《社会人类学与中国研究》,北京:生活·读书·新知三联书店,1997年。

王铭铭:《村落视野中的文化与权力:闽台三村五论》,北京:生活·读书·新知三联书店,1997年。

王铭铭:《社区的历程——溪村汉人家族的个案研究》,天津:天津人民出版社,1997年。

王铭铭:《走在乡土上——历史人类学札记》,北京:中国人民大学出版社,2003年。

王文宝:《中国民俗研究史》,哈尔滨:黑龙江人民出版社,2003年。

王建民:《中国民族学史·上卷(1903—1949)》,昆明:云南教育出版社,1997年。

王建民、张海洋、胡鸿保:《中国民族学史·下卷(1950—1997)》,昆明:云南教育出版社,1998年。

温铁军:《三农问题与世纪反思》,北京:生活·读书·新知三联书店,2005年。

《吴文藻人类学社会学研究文集》,北京:民族出版社,1990年。

吴相湘:《晏阳初传——为全球乡村改造奋斗六十年》,长沙:岳麓书社,2001年。

吴毅:《村治变迁中的权威与秩序——20世纪川东双村的表达》,北京:中国社会科学出版社,2002年。

吴森:《决裂——新农村的国家建构:江汉平原中兴镇的实践表述(1949—1978)》,北京:中国社会科学出版社,2007年。

熊吕茂:《梁漱溟的文化思想与中国现代化》,长沙:湖南教育出版社,2000年。

许纪霖编选:《内圣外王之境——梁漱溟集》,上海:上海文艺出版社,1998年。

徐勇:《乡村治理与中国政治》,北京:中国社会科学出版社,2003年。

阎明:《一门学科与一个时代——社会学在中国》,北京:清华大学出版社,2004年。

杨雅彬:《近代中国社会学》,北京:中国社会科学出版社,2001年。

于建嵘:《岳村政治——转型期中国乡村政治结构的变迁》,北京:商务印书馆,2001年。

于景森著:《振荡中发展——新中国经济30年》,北京:中央文献出版社,2006年。

[英]约·罗伯茨:《十九世纪西方人眼中的中国》,蒋重跃、刘林海译,北京:中华书局,2006年。

曾培炎主编:《新中国经济50年(1949—1999)》,北京:中国计划出版社,1999年。

张守广:《卢作孚年谱》,重庆:重庆出版社,2005 年

张珣、江灿腾:《当代台湾宗教研究导论》,北京:宗教文化出版社,2004 年。

张毅:《中国乡镇企业:艰辛的历程》,北京:法律出版社,1990 年。

张乐天:《告别理想——人民公社制度研究》,上海:上海人民出版社,2005 年。

赵景深:《民间文艺概论》,北京:北新书局,1950 年。

张静:《基层政权——乡村制度诸问题》,杭州:浙江人民出版社,2000 年。

张静:《现代公共规则与乡村社会》,上海:上海书店出版社,2006 年。

张红宇:《中国农民与农村经济发展》,贵阳:贵州人民出版社,1994 年。

赵世瑜:《小历史与大历史:区域社会史的理念、方法与实践》,北京:生活·读
　书·新知三联书店,2006 年。

赵晓玲:《卢作孚的梦想与实践》,成都:四川人民出版社,2002 年。

郑振铎:《中国俗文学史》,作家出版社,1953 年。

郑韶:《中国经济体制改革二十年大事记》,上海:上海辞书出版社,1998 年。

《钟敬文文集·民俗学卷》,合肥:安徽教育出版社,1999 年。

钟敬文:《建立中国民俗学派》,哈尔滨:黑龙江教育出版社,1999 年。

中共中央文献研究室、国务院发展研究中心:《新时期农业和农村工作重要文献
　选编》,北京:中央文献出版社,1992 年。

中共中央文献研究室:《毛泽东文集》第一卷,北京:人民出版社,1993 年。

中共中央文献研究室:《毛泽东周恩来刘少奇朱德邓小平陈云论调查研究》,北
　京:中央文献出版社,2006 年。

中共中央文献研究室:《十六大以来重要文献选编》(中),北京:中央文献出版社,
　2006 年。

中国共产党中央委员会:《中国共产党关于建国以来党的若干历史问题的决议》,
　北京:人民出版社,1981 年。

周大鸣:《凤凰村的变迁:〈华南的乡村生活〉追踪研究》,北京:社会科学文献出版
　社,2007 年。

朱汉国:《梁漱溟乡村建设研究》,太原:山西教育出版社,1996 年。

庄孔韶:《银翅:中国的地方社会与文化变迁》,北京:生活·读书·新知三联书
　店,2000 年。

Edmund. Leach, *Social Anthropology*, London and New York : Fontana. 1982.

Helen F. Siu, *Agents and Victims in South China*, Yale : Yale University Press. 1989.

S. H. Potter and J. M. Potter, *China's Peasants : The Anthropology of a Revolution*, Berkeley : Cambridge University Press, 1990.

二、论　文

蔡元培:《中国文学的沿革》,见《蔡元培全集》第 4 卷,杭州:浙江教育出版社,1997 年。

柴福洪:《"三农问题"研究》,http://www. cpirc. org. cn/yjwx/yjwx_detail_asp? id =2012

曹树基:《中国村落研究的东西方对话——评王铭铭〈社区的历程〉》,载《中国社会科学》1999 年第 1 期。

曹树基:《国家与农民的两次蜜月》,载《读书》2002 年第 7 期。

曹天忠:《乡村建设派分概念形成史考溯》,载《广东社会科学》2006 年第 3 期。

常建华:《乡约·保甲·族正与清代乡村治理——以凌燽〈西江视臬纪事〉为中心》,载《华中师范大学学报》(哲学社会科学版)2006 年第 1 期。

陈黻宸:《独史》,载《新世界学报》1902 年 9 月 16 日,第 2 期,"史学"。

陈翰笙:《现代中国的土地问题》,见陈翰笙、薛暮桥、冯和法编:《解放前的中国农村》第二辑,北京:中国展望出版社,1987 年。

陈勤建、毛巧晖:《20 世纪"民间"概念在中国的流变》,见周星主编:《民俗学的历史、理论与方法》(上册),北京:商务印书馆,2006 年。

陈春声:《走向历史现场》,见张应强:《木材之流动:清代清水江下游地区的市场、权力与社会》,北京:生活·读书·新知三联书店,2006 年。

崔洪植:《关于梁漱溟乡村建设运动的理念目标研究》,载《当代韩国》2003 年春夏合刊,。

[美]丹尼尔·哈里森·葛学溥:《华南的乡村生活——广东凤凰村的家族主义社会学研究》,周大鸣译,北京:知识产权出版社,2006 年。

丁元竹:《费孝通教授瑶山调查的理论与方法》,载《广西社会科学》1992 年第 5 期。

董作宾:《为〈民间文艺〉敬告读者》,见苑利主编:《二十世纪中国民俗学经典·学术史卷》，北京：社会科学文献出版社，2002年。

董国礼：《政权内卷化及其影响下的农业经济绩效》，载《学海》2001年第1期。

董峻、李雪：《经典中国·辉煌成就：社会主义新农村建设扎实稳步推进》，http://
  cpc.people.com.cn/GB/64093/64387/6160241.htm/

段自成：《清代前期的乡约》，载《南都学坛》（哲学社会科学版）1996年第5期。

[美]杜赞奇：《地方世界：现代中国的乡土诗学与政治》，褚建芳译，王铭铭主编：《中
  国人类学评论》第2辑，北京：世界图书出版公司，2007年。

杜晓燕、李景平、尚虎平：《比较毛泽东、梁漱溟乡村建设思想加速"三农"问题解决进
  程》，载《农业经济》2006年第2期。

费孝通：《略谈中国的社会学》，载《社会学研究》1994年第1期。

费孝通：《关于人类学在中国》，载《社会学研究》1994年第2期。

费孝通：《农村、小城镇、区域发展——我的社区研究历程的再回顾》，载《北京大学学
  报》（哲学社会科学版）1995年第2期。

费孝通：《开风气育人才》，王庆仁、马启成、白振声主编：《吴文藻纪念文集》，北京：中
  央民族大学出版社，1997年。

费孝通：《农村、小城镇、区域发展》，载《北京大学学报》（哲学社会科学版），1995，
  (2)。

费孝通：《重读〈江村经济·序言〉》，见马戎、周星主编：《田野工作与文化自觉》
  (上).北京：群言出版社，1998年。

费孝通：《迈向人民的人类学》，见[美]辛格尔顿：《应用人类学》，蒋琦译，武汉：湖北
  人民出版社，1984年。

费孝通：《重访江村》，见费孝通：《江村农民生活及其变迁》，兰州：敦煌文艺出版社，
  1997年。

冯和法：《庸俗农业经济学批判》，见陈翰笙、薛暮桥、冯和法编：《解放前的中国农村》
  第二辑，北京：中国展望出版社，1987年。

苟翠屏：《卢作孚、晏阳初乡村建设思想之比较》，载《西南师范大学学报》（人文社会
  科学版）2005年第5期。

顾颉刚：《〈民俗〉发刊辞》，见苑利主编：《二十世纪中国民俗学经典·学术史卷》，北
  京：社会科学文献出版社，2002年。

顾颉刚：《〈福州歌谣甲集〉序》，载《民俗》第49—50期。

郭剑鸣：《试论卢作孚在民国乡村建设运动中的历史地位——兼谈民国两类乡建模式的比较》，载《四川大学学报》（哲学社会科学版）2003 年第 5 期。

关家铮：《四十年代上海〈神州日报〉赵景深主编的〈俗文学〉周刊》，载《山东大学学报》2000 年第 6 期。

国联教育考察团：《中国教育之改造》，国立编译馆译，南京，1932 年 12 月。

韩德章：《研究农业经济所遇到的技术问题》，载《农村周刊》1935 年第 49 期。

韩明谟：《中国社会学调查研究方法和方法论发展的三个里程碑》，载《北京大学学报》（哲学社会科学版）1997 年第 4 期。

贺雪峰：《新农村建设与中国道路》，《读书》2006，（8）。

侯建新：《二十世纪二三十年代中国农村经济调查与研究评述》，载《史学月刊》2000 年第 4 期。

胡适：《〈歌谣周刊〉复刊词》，见苑利主编：《二十世纪中国民俗学经典·学术史卷》，北京：社会科学文献出版社，2002 年。

胡锦涛：《高举中国特色社会主义伟大旗帜，为夺取全面建设小康社会新胜利而奋斗》，见中共中央文献研究室编：《深入学习实践科学发展观活动领导干部学习文件选编》，北京：中央文献出版社、党建读物出版社，2008 年。

胡锦涛：《深刻认识建设社会主义新农村的重大意义》，见中共中央文献研究室编：《深入学习实践科学发展观活动领导干部学习文件选编》，北京：中央文献出版社、党建读物出版社，2008 年。

黄兴涛、杨念群：《"西方的中国形象"译丛总序》，见［美］E. A. Ross：《变化中的中国人》，公茂虹、张皓译，北京：中华书局，2006 年。

季芳桐、钟海连：《试论毛泽东农村革命思想与梁漱溟乡村建设理论的根本分歧》，载《党史文苑》2004 年第 10 期。

季芳桐：《毛泽东与梁漱溟——试论农村革命与乡村建设》，载《南京理工大学学报》（哲学社会科学版）1994 年第 1、2 期。

江红英：《试析土改后农村经济的发展趋势及道路选择》，载《中共党史研究》2001 年第 6 期。

旷新年：《三农何以危机》，载《三农中国》2005 年第 2 期。

拉得克里夫·布朗：《对于中国乡村生活社会学调查的建议》，吴文藻编译，见北京大学社会学人类学研究所编：《社区与功能——派克、布朗社会学文集及学记》，北京：北京大学出版社，2002 年。

蓝林友：《义序与中国宗族研究范式》，载《广西民族学院学报》（哲学社会科学版）
　　2001 年第 3 期。

李大钊：《青年与农村》，见陈翰笙、薛暮桥、冯和法编：《解放前的中国农村》第一辑，
　　北京：中国展望出版社，1985 年。

李景汉：《北京拉车的苦工》，载《现代评论》第三卷第 62 期，1926 年 2 月。

李凤林：《梁漱溟邹平乡村建设的理论与实践》，载《山东教育科研》1994 年第 4 期。

李景汉：《实地社会调查方法》，据星云堂书店 1933 年版影印，辑入《民国丛书》第三
　　编第 17 册，上海：上海书店，1991 年。

李善峰：《乡村建设运动：一个社会学的考察》，载《社会学研究》1989 年第 5 期。

李铁映：《社会学大有作为》，载《社会学研究》2000 年第 4 期。

李中军：《毛泽东梁漱溟农民问题理论比较研究》，载《史学月刊》1996 年第 2 期。

李宝艳、郑逸芳：《毛泽东梁漱溟农民观比较及其启示》，载《福建农林大学学报》（哲
　　学社会科学版）2005 年第 3 期。

梁漱溟：《河南村治学院旨趣书》，见许纪霖编选：《内圣外王之境——梁漱溟集》，上
　　海：上海文艺出版社，1998 年。

乐嗣炳：《民俗学是什么以及今后研究的方向》，载《民俗学集镌》第 1 辑，1931 年。

林瑞明：《梁漱溟的思想与行动》，载梁培宽编：《梁漱溟先生纪念文集》，北京：中国工
　　人出版社，2003 年。

林耀华、陈永龄、王庆仁：《吴文藻传略》，载《民族教育研究》1994 年第 2 期。

刘重来：《论卢作孚"乡村现代化"建设模式》，载《重庆社会科学》2004 年创刊号。

刘重来：《民国时期乡村建设运动述略》，载《重庆社会科学》2006 年第 5 期。

刘少奇：《答薛暮桥同志》，见陈翰笙、薛暮桥、冯和法编：《解放前的中国农村》第二
　　辑，北京：中国展望出版社，1987 年。

龙海：《试论民国时期卢作孚在北碚的卫生建设对"乡村现代化"的意义》，载《重庆社
　　会科学》2005 年第 9 期。

吕微：《现代性论争中的民间文学》，载《文学评论》2000 年第 2 期。

陆学艺、徐逢贤：《毛泽东与农村调查》，载《东岳论丛》1991 年第 6 期。

潘东周：《中国国民经济的改造问题》，见高军编：《中国社会性质问题论战》（资料选
　　辑），北京：人民出版社，1984 年。

潘乃谷:《但开风气不为师——费孝通学科建设访谈》,见《社区研究与社会发展》,天津:天津人民出版社,1996年。

千家驹:《中国农村的出路在哪里》,见陈翰笙、薛暮桥、冯和法编:《解放前的中国农村》第二辑,北京:中国展望出版社,1987年。

千家驹:《定县的实验运动能解决中国农村问题吗?——兼评〈民间〉半月刊孙伏园先生〈全国各地的实验运动〉》,见陈翰笙、薛暮桥、冯和法编:《解放前的中国农村》第二辑,北京:中国展望出版社,1987年。

千家驹:《中国农村的出路在哪里》,见陈翰笙、薛暮桥、冯和法编:《解放前的中国农村》第二辑,北京:中国展望出版社,1987年。

钱灵犀:《一位中国智者的世纪思考》,见潘乃谷、马戎主编:《社区研究与社会发展——纪念费孝通教授学术活动60周年文集》(上),天津:天津人民出版社,1996年。

钱理群:《周作人的民俗学研究与国民性考察》,载《北京大学学报》(哲学社会科学版)1988年第5期。

钱亦石:《中国农村的过去与今后》,见陈翰笙、薛暮桥、冯和法编:《解放前的中国农村》第一辑,北京:中国展望出版社,1985年。

钱俊瑞:《中国农村经济研究会成立前后》,见陈翰笙、薛暮桥、冯和法编:《解放前的中国农村》第二辑,北京:中国展望出版社,1987年。

钱俊瑞:《〈中国农村〉发刊词》,见陈翰笙、薛暮桥、冯和法编:《解放前的中国农村》第二辑,北京:中国展望出版社,1987年。

钱亦石:《中国农村的过去与今后》,见陈翰笙、薛暮桥、冯和法编:《解放前的中国农村》第一辑,北京:中国展望出版社,1985年。

任鸿隽(叔永):《定县平教事业平议》,载《独立评论》第73号,1933年10月22日,北平刊。

任曙:《中国经济研究绪论》,高军编《中国社会性质问题论战》(资料选辑),北京:人民出版社,1984年。

阮云星:《义序:昔日"宗族乡村"的民俗节庆》,载《广西民族学院学报》(哲学社会科学版)2000年第3期。

阮云星:《宗族研究中的"义序"与"义序研究"中的宗族》,见庄孔韶主编:《汇聚学术情缘——林耀华先生纪念文集》,北京:民族出版社,2005年。

沈慧:《论毛泽东农村调查报告与土地革命思想》,载《湖州师专学报》1991 年第 1 期。

沈家驹:《〈凉山彝家〉书评》,见庄孔韶主编:《汇聚学术情缘——林耀华先生纪念文集》,北京:民族出版社,2005 年。

申端锋:《新乡村建设的几个问题》,载《三农中国》2006 年第 1 期。

孙晓村:《中国乡村建设运动的估价》,见陈翰笙、薛暮桥、冯和法编:《解放前的中国农村》第二辑,北京:中国展望出版社,1987 年。

孙冶方:《农村经济学底对象》,见陈翰笙、薛暮桥、冯和法编:《解放前的中国农村》第二辑,北京:中国展望出版社,1987 年。

孙冶方:《为什么要批评乡村改良主义工作》,见陈翰笙、薛暮桥、冯和法编:《解放前的中国农村》第二辑,北京:中国展望出版社,1987 年。

孙平:《从派克到费孝通——谈费孝通忆派克对中国社会学、人类学的贡献》,《开放时代》2005 年第 4 期。

孙庆忠:《海外人类学的乡土中国研究》,载《社会科学》2005 年第 9 期。

谭同学:《乡村建设的三种主张与农村社会发展导向》,载《三农中国》2005 年第 2 期。

陶孟和:《怎样解决中国的问题》,见《孟和文存》卷一,上海:亚东图书馆,1925 年。

田海蓝、周凝华:《卢作孚的教育生涯及教育思想》,载《武汉交通管理干部学院学报》2003 年第 1 期。

田彩凤:《李景汉》,载《清华人物志》(三),北京:清华大学出版社,1995 年。

仝华:《抗日战争时期毛泽东对全党调查研究工作的引领》,载《北京联合大学学报》(人文社会科学版)2005 年第 3 期。

W. R. 葛迪斯:《共产党领导下的中国农民生活——对开弦弓村的再调查》,见费孝通:《江村农民生活及其变》,兰州:敦煌文艺出版社,1997 年。

王安平:《卢作孚的乡村建设理论与实践述论》,载《社会科学研究》1997 年第 5 期。

王金霞、赵丹心:《定县模式——北碚模式:两种不同乡村建设模式的取舍》,载《河北师范大学学报》(哲学社会科学版)2005 年第 3 期。

王宁、董晓萍:《建立中国民俗学派——钟敬文教授〈建立中国民俗学派〉及其学术思想研讨会发言纪要》,载《中国教育报》2002 年 3 月 28 日。

王学文:《中国资本主义在中国经济中的地位、其发展及其前途》,见高军编:《中国社会性质问题论战》(资料选辑),北京:人民出版社,1984 年。

王宜昌:《中国社会史短论》,载《读书杂志》第一卷第 4、5 期合刊。

王宜昌:《农业经济统计应有的方向转换》,载《农村周刊》1935 年第 48 期。

温铁军:《百年中国,一波四折》,载《读书》2001 年第 3 期。

温铁军:《中国新乡村建设问答》,http://xcjs.peoplexz.com/2865/2930/20080728151013.htm

吴洪成、陈兴德:《卢作孚教育思想及其实践活动述论》,载《西南师范大学学报》(人文社会科学版)2000 年第 5 期。

吴半农:《论"定县主义"》,见陈翰笙、薛暮桥、冯和法编:《解放前的中国农村》第一辑,北京:中国展望出版社,1985 年。

西泽治颜:《林耀华著〈从人类学的观点考察中国宗族乡村〉日译稿之解说》,泷田豪译,见庄孔韶主编:《汇聚学术情缘——林耀华先生纪念文集》,北京:民族出版社,2005 年。

许涤新:《动荡崩溃底中国农村》,见陈翰笙、薛暮桥、冯和法编:《解放前的中国农村》第一辑,北京:中国展望出版社,1985 年。

徐勇:《现代化中的乡土重建——毛泽东、梁漱溟、费孝通的探索及其比较》,载《天津社会科学》1996 年第 5 期。

谢中元:《论古史辨派以歌谣释〈诗经〉的动因和诗学意义》,载《海南大学学报》(人文社会科学版)2006 年第 1 期。

薛暮桥:《给刘少奇同志写的报告——关于白区乡村和中国农村经济研究会的工作问题》,见陈翰笙、薛暮桥、冯和法编:《解放前的中国农村》第二辑,北京:中国展望出版社,1987 年。

薛暮桥:《略谈研究经济问题的方法论》,见陈翰笙、薛暮桥、冯和法编:《解放前的中国农村》第二辑,北京:中国展望出版社,1987 年。

杨庭硕:《〈凉山彝家〉研究方法管窥》,见庄孔韶主编:《汇聚学术情缘——林耀华先生纪念文集》,北京:民族出版社,2005 年。

毅生:《近代儒家对历史命运的挣扎——梁漱溟之乡村建设与文化自救运动》,见梁培宽编:《梁漱溟先生纪念文集》,北京:中国工人出版社,2003 年。

余科杰:《山东乡村建设运动述评》,载《山东师大学报》(社会科学版)1995 年第 5 期。

张文:《新民歌运动与民间文学》,见苑利主编:《二十世纪中国民俗学经典·学术史卷》,北京:社会科学文献出版社,2002 年。

张秉福:《民国时期三大乡村建设模式:比较与借鉴》,载《新疆社会科学》2006 年第
　2 期。

张海洋:《林耀华教授的学术生涯》,载《民族教育研究》2000 年第 2 期。

张小军:《历史的人类学化和人类学的历史化——兼论被史学"抢注"的历史人类
　学》,载《历史人类学学刊》2003,1(1).

赵世瑜:《社会史研究呼唤理论》,载《历史研究》1993 年第 2 期。

赵世瑜:《再论社会史的概念问题》,载《历史研究》1999 年第 2 期。

赵承信:《社会调查与社区研究》,见北京大学社会学人类学研究所编:《社区与功
　能——派克、布朗社会学文集及学记》,北京:北京大学出版社,2002 年。

郑杭生:《李景汉与〈北平郊外之乡村家庭〉》,载《中国社会工作》1998 年第 2 期。

钟敬文:《编辑余谈》,载《民俗》1928 年第 23—24 期。

钟敬文:《"五四"时期民俗文化学的兴起——呈献于顾颉刚、董作宾诸故人之灵》,载
　《佳木斯大学社会科学学报》1999 年第 4 期。

《中共中央关于在农村建立人民公社问题的决议》,载《人民日报》1958 年 9 月 10 日。

周作人:《保定定县之游》,《国闻周报》第 12 卷第 1 期。天津,1935 年 1 月 1 日。

周作人:《〈歌谣周刊〉发刊词》,见苑利主编:《二十世纪中国民俗学经典·学术史
　卷》,北京:社会科学文献出版社,2002 年。

周逸先:《晏阳初平民教育与乡村改造方法论初探》,载《高等师范教育研究》2002 年
　第 3 期。

周逸先、宋恩荣:《中国乡村建设运动及其历史启示》,载《河北师范大学学报》(教育
　科学版)2006 年第 2 期。

周逸先、宋恩荣:《中国乡村建设运动及其历史启示》,载《河北师范大学学报》(教育
　科学版)2006 年第 2 期。

周大鸣:《重访凤凰村》,载《读书》1998 年第 9 期。

周大鸣:《凤凰村的追踪研究》,载《广西民族学院学报》(哲学社会科学版)2004 年第
　1 期。

周沛:《毛泽东农村社会调查与职业社会学家农村社会调查分析——兼论社会学的
　学科性与科学性》,载《南京大学学报》(哲学·人文·社会科学)1995 年第 4 期。

周晓虹:《1951—1958:中国农业集体化的动力——国家与社会关系视野下的社会动
　员》,载《中国研究》2005 年第 1 期。

周振超:《农民社区自治组织产生与发展的政治社会学分析》,载《安阳工学院学报》2005,(4)。

朱婧:《"社区"解读》,载《社科纵横》2005 年第 5 期。

庄英章:《汉人社会研究的若干省思》,载《中央研究院民族学研究所集刊》1996 年第 80 期。

庄英章:《历史人类学与华南区域研究——若干理论范式的建构与思考》,载《历史人类学学刊》2005 年第 3 期。

Maurice. Freedman, "A Chinese Phase in Social Anthropology", British *Journal of Sociology*, Vol. 14, No. 1, Mar., 1963.

后　记

　　也许是生在农村,长在乡野,自小惯看了稼穑的艰辛,也许是受人类学"向下看"的学科秉性感染,笔者每每喜读近代以来先贤志士有关"乡土"的著作,并不由自主地为中国人文社会科学前辈们那深切的"乡土关怀"所震撼。鸦片战争以来,江河破碎,国难当头,仁人志士们所处的时代是如此之艰苦,可他们对"乡土"的研究不遗余力,对乡土的剖析和论述深刻入理,可圈可点,且历久弥新,精辟如故,历经沧海桑田、时空变幻却依然振聋发聩,发人深省。虽不能说是字字珠玑,但字里行间蕴涵着的深邃思想,洋溢着的浓浓情意,给人们以思绪的启迪,心灵的洗涤,情操的陶冶。这是中华民族伟大复兴的力量源泉。这力量归根到底源自先贤大师们怀抱着一个梦想——实现中华民族伟大复兴,由是,他们舍"小我"而取"大我",为追求真理视名利为粪土,以振兴民族为己任。因而他们作品的震撼力不仅体现了知识的力量,也体现了道德力量。这些乡土探索是我们中华民族的宝贵财富,先贤志士们的治学精神和态度堪为今日吾辈楷模。感佩之余,笔者一直有一个愿望,即把先人的乡土探索比较系统地呈现给大家。本书就是笔者怀抱着这一良好愿望,工作了两年的结果。由于水平不高,能力有限,对先辈们乡土思想与实践的理解可能流于肤浅或多有偏颇,这时常让笔者忐忑、惶恐。好在志士先贤的伟大探索不会因为笔者的笨拙而黯然失色,这多少让笔者得以释怀。

　　感谢所有直接或间接为本书的撰写和面世付出了心血的良师益友、亲朋至交。特别要感谢我那身为农民、远在山村的父母。他们操劳一生,用默默的付出养育我们,用无私的爱抚育我们成长。我们如今进了城,已

"超越乡土"了,但他们却依然"走在乡土上"。我不得不关切他们以及像他们一样的八亿农民的生活,不得不思索他们的前途命运。从这个意义上说,本书是为我的父母所写,为像我父母一样的八亿农民所写。以关切、思索回馈父母乡亲的养育之恩,当然远远不够,但却是我目前力所能及的方式。

谨以此书献给生我养我育我的父母和家乡的父老乡亲!

李富强

2009 年 5 月 26 日

责任编辑:崔继新
版式设计:程凤琴
封面设计:王芳芳
责任校对:张春燕

图书在版编目(CIP)数据

乡土寻梦——中国现代乡土思想与实践/李富强 著.
  -北京:人民出版社,2010.9
ISBN 978－7－01－009222－5

Ⅰ.①乡… Ⅱ.①李… Ⅲ.①农村-社会主义建设-研究-中国
Ⅳ.①F320.3

中国版本图书馆 CIP 数据核字(2010)第 171365 号

乡土寻梦
XIANGTU XUNMENG
——中国现代乡土思想与实践

李富强 著

人民出版社 出版发行
(100706 北京朝阳门内大街 166 号)

北京端占冠中印刷厂印刷 新华书店经销

2010 年 9 月第 1 版 2010 年 9 月北京第 1 次印刷
开本:710 毫米×1000 毫米 1/16 印张:13.25
字数:193 千字 印数:0,001-3,000 册

ISBN 978－7－01－009222－5 定价:30.00 元

邮购地址 100706 北京朝阳门内大街 166 号
人民东方图书销售中心 电话 (010)65250042 65289539